나에게 나를 입힌다

변화를 위한 입혀짐의 심리학

나에게 나를 입힌다

마크 최 지음

STOREHOUSE

이 책은 삶 속에서 지친 마음과 슬프고 공허한 이들이 읽었으면 좋겠습니다. 살다 보면 내가 가는 길이 맞는지 방향을 잃기도 하고, 때론 처음으로 돌아가 무엇부터 시도해야 할지도 모를 때가 있습니다. 변화하고 싶지만 항상 제자리를 맴돌고 있는 분들이 이 책을 읽기를 바랍니다.

이 책은 정답을 주고자 하는 책이 아닙니다. 다만, 당신이 어떻게 만들어지고 있는지 그리고 자신을 어떻게 사랑해야 하는지 자신과 타인들 속에 인간관계에서 일어나는 문제와 상처들을 어떻게 다루고 훈련해나가야 하는지, 좋은 방향을 제시해주는 친구와 같은 책이 되기를 바랍니다.

수년간 수천 명 이상을 상담하고 가르치면서 느끼고 깨달았던 부분들과 그분들의 삶의 이야기를 <역대 최고>라는 유튜브 채널을 통해 올리게 되었고 그것이 기회가 되어 이렇게 책을 출간하게 되었습니다. 더 많은 분들에게 저의 이야기가 조금이나마 도움이 됐으면 하는 마음으로, 부족하지만 용기를 내어 책으로 담게 되었습니다.

이 책은 백 명의 사람보다 한 명의 사람이 힘들고 지치고 삶을 포기하고 싶을 때 백 번 꺼내볼 수 있는 책이 되길 소망합니다. 우선 책을 읽기 전에 저의 신념을 여러분과 먼저 나누고 싶습니다.

첫 번째, 인생은 심은 대로 거둔다.

두 번째, 사람은 보고, 듣고, 경험한 것을 믿는 게 아니라, 믿는 것을 보고, 듣고, 경험한다.

세 번째, 사람은 자신이 믿고 있는 것 이상의 것을 얻을 수도, 다른 사람에게 줄 수도 없다.

네 번째, 성숙한 사랑의 시작은 자기 자신을 사랑하는 것이다.

다섯 번째, 신이 사람에게 준 특권으로 인해 사람은 자신의 내면을 바꿔 다른 인생을 살 수 있는 기회를 가질 수 있다.

여섯 번째, 사람에게는 바꿀 수 없는 것과 바꿀 수 있는 것이 있다. 바꿀 수 없는 것은 타인과 과거이고, 바꿀 수 있는 것은 자신과 미래이다.

다시 말하면, 10년이 넘는 시간을 상담사로 때로는 누군가의 멘토로서 위에 적힌 저의 신념을 삶 속에 적용하고 훈련할 때, 저뿐만이 아닌 누구에게나 효과적인 변화로 삶이 풍성해지는 것을 목격하였습니다.

이 책에는 실제 상담했던 내용이 많이 실려 있습니다. 그 이유는 누구나 겪고 고민하고 아파하는 저와 여러분의 이야기를 다루고 있기 때문입니다. 이 책이 끝날 때쯤 당신은 당신이 생각하는 것보다 훨씬 가치 있고 사랑받아 마땅한 존재임을 깨닫게 될 것을 확신해봅니다. 당신의 삶을 응원합니다.

마지막으로 저의 삶을 인도해주시고 지혜와 영감을 주시는 하나님께 모든 영광을 돌립니다.

마크 최 올림

이

나 자신

변화의 시작을 알리다

Who are you?

당신은 누구입니까, 라는 이야기는 살면서 흔히 듣는 이야기는 아닐 겁니다. 들어본 적이 있다면 여러분은 누구라고 대답을 했었나요? 혹은 처음 들어 본 이야기라면 한번 생각해보길 바랍니다.

마크 최라는 사람은 처음부터 왜 이런 질문을 할까? 궁금하기도 할 것이고, 누군가는 머리가 하얗게 되거나 이 책을 덮고 싶을 수도 있습니다. 그래도 조금만 참고 따라와 주세요.

이 책은 실제로 상담한 내용과 독자님들에게 질문을 통해서 소통하는 식으로 책의 내용을 구성하고 있습니다. 저는 단순히 저의 이야기만 써내려가는 것이 아니라 독자님들에게 여러 질문을 할 것이고, 그 질문들을 통해 당신의 머리를 아프게 할 생각입니다.

하지만 그 과정을 통해서 자신을 돌아보며 사고가 열리는 변화의 과정을 독자께서 경험하게 될 것을 확신합니다. 사실 필자인 저도 당신은 누구입니까, 라는 질문을 받고 머리가 아팠던 적이 있습니다. 그리고 그 질문에 대해서 답하지 못했을 때도 있었습니다.

다시 묻겠습니다. 당신은 누구입니까?

누군가는 자신이 일하고 있는 직업을 이야기할 것이고, 또 누군가는 가족 구성원 중의 한 명으로 자신을 소개할 것이고, 또 누군가는 자신이 가지고 있는 종교적인 것을 가지고 자신을 소개할 것입니다. 다 좋습니다. 어차피 정답은 없으니까요.

그럼 한 가지 더 질문해 보겠습니다. 자신은 자신에 대한 어떤 믿음(신념)이 있습니까?

우리가 살면서 많이 했던 말들이 있습니다.
사람은 고쳐 쓰는 게 아니야.
사람은 바뀌기 어려워.
사랑은 쉬운 게 아니야.
사랑은 고난의 연속이야.
사람이 가지고 싶은 것을 어떻게 다 갖고 살아.
남자는 우는 게 아니야. 울면 약해 보일 거야.
여자는 조신해야 해...

위의 두 가지 질문을 여러분은 한번 깊이 있게 생각해보고 글로 꼭 적어보길 바랍니다. 여러 가지로 자신을 말했던 내용들과 자신만의 많은 믿음이 있을 것입니다. 근데 만약 '나는 이런 사람이야', '나는 이것을 믿어'라는 것들이 만약 여러분의 선택이 아니라 입혀진 것이고, 그래서 여러분이 하루를 살며 느끼는 감정과 하루의 행동하는 것들이 본인의 선택이라 해도 본인도 모르게 설정되어 있는 대로 기계처럼 사는 것이라면...

자신에 대한 평가와 믿음으로 당신이 사람과 사랑, 재정, 인간관계의 모든 것들을 만들어가고 있는 거라면 어떨까요?

당신의 선택이 아니라 자신도 모르게 입혀진 것

실제 내담자의 상담내용과 제 이야기를 해드리겠습니다. 잘 따라오시길 바랍니다.

2018년 12월 여성 내담자의 이야기입니다. 한 여성분이 있습니다. 이 여성은 26살 첫 번째 연애를 시작하게 됐습니다. 첫사랑이기에 모든 것이 설레고 가슴이 뜁니다. 스스로 어떻게 이렇게 행복할 수 있을까, 싶을 정도로 매일매일 행복합니다. 연애를 통해서 사랑은 아낌없이 주는 것이라 생각하고 자신의 감정을 솔직하게 표현하고 사랑을 합니다. 남자친구도 여성을 아껴주고 선물도 많이 사주고 좋은 곳에서 데이트를 많이 합니다.

이 둘은 행복한 사랑을 이어나갑니다. 여자는 이런 것이 사랑이구나 하며 너무 행복한 날들을 보냅니다. 가끔 서운한 날도 있지만, 이 둘의 사랑에는 아무 영향도 주지 못합니다. 주위 친구들도 이런 여성을 부러워합니다. 여성이 만나고 있는 사람이 소위 벤츠남이라고 너무 좋은 사람이라며 결혼하라는 이야기도 나옵니다.

그러던 어느 날, 남자의 휴대폰으로 모르는 번호로 전화가 옵니다. 남자는 놀란 듯, 받지 않습니다.

여　자		왜 전화 안 받아?
남　자		중요한 전화 아니야. 그냥 아는 동생이야.
여　자		나 신경 안 써도 돼. 급한 일 같은데 전화해 봐~.
남　자		(당황한 듯, 전화를 건다) 알겠어.
		왜 전화했어? 이따가 다시 연락할게.

들으려고 한 건 아니었지만, 휴대폰 너머로 여자의 음성이 들렸습니다. 여성 내담자는 생각하지도 못한 여자의 음성에 순간 신경이 쓰이지만, '그래, 말 그대로 아는 동생이겠지' 하고 넘어갑니다. '나에게 이렇게 잘해주고 나밖에 모르는 사람인데 이 사람을 의심하면 내가 이상한 사람이지, 지금 내가 무슨 생각을 하는 거지.' 안 좋은 생각을 잠깐이라도 한 자신을 볼 때 오히려 남자친구에게 미안한 마음까지 듭니다.

그 일이 있고 난 이후로 남자친구와 연락이 닿지 않는 날들이 종종 있었습니다. 그때 연락이 왔던 모르는 번호가 생각이 나게 됩니다. '무슨 일이 있겠지.' 기다리던 남자친구가 전화가 옵니다. 바빠서 연락이 늦었다고 합니다. '그렇지 바쁘니까 그럴 수도 있지.'

하지만 일찍 잔다고 하는 날이 점점 늘어납니다. '일이 많이 바쁘구나, 서운하지만 바쁘고 피곤하기 때문이라 나까지 피곤하게 하면 안 된다'는 생각에 차마 말하지 못합니다. 왜냐하면 남자친구와 함께 있을 땐 너무 행복하기 때문입니다. 시간이 흐르고 어느 날, 퇴근 후 집에 가는 길에 모르는 번호로 전화가 옵니다.

모르는사람		○○○님 전화가 맞나요?
여　자		실례지만 누구시죠?
모르는사람		혹시 △△△남자분 아세요?

여　자　　네. 제 남자친구인데, 무슨 일이시죠?

모르는사람　저랑 2년째 만나고 있는 사람인데, 요즘 연락이 잘 안 돼서 △△△님 모르게 혹시나 하는 마음에 확인차 연락해봤어요.

• • •

'머리통을 누군가 망치로 때린 듯, 하얘진다. 지금 이게 무슨 상황이지? 그렇다. 말로만 듣던 바람인 것이다. 2년을 만났다고 한다. 나랑은 다섯 달째 연애 중이었는데... 어제까지만 해도 나에게 사랑한다며 안아주고, 뜨겁게 사랑도 나눴는데... 이게 다 도대체 무슨 소리이며, 무슨 상황인지 손이 덜덜 떨린다. 더 웃긴 상황은 남자는 미안하다는 한마디 말과 함께 전화 건 여자에게 가버렸다. 그 여자에게 간 것이 맞는지도 의문이다. 나와 만난 시간은 뭐였지? 그리고 나는 그 사람에게 어떤 존재였지? 나는 모든 게 다 처음이었는데...'

여러분이 이 여성 내담자라면 어떨까요? 그로부터 이 분은 항상 연애를 할 때 자신이 원하지 않아도 항상 남자가 바람피우지 않을까, 라는 의심 속에 살고 있습니다.

여기에 당신 인생의 사건과 해답이 둘 다 있습니다. 여러분이 살면서 보고 듣고 경험하는 것은 내면의 사고를 만듭니다. 그럼, 위의 여성분의 내면의 사고(믿음) 가 어떻게 입혀졌는지 지금부터 천천히 살펴봅시다.

■ 보고
이 여자는 무엇을 보았습니까? 사랑했던 사람이 알고 보니 바람을 피웠고, 자신을 두고 다른 여자에게 가버린 것을 봤습니다.

■ 듣고

무엇을 들었나요? 상대방 여자의 목소리와 바람피운 남자친구가 나를 떠날 때까지 한 거짓말과 그 일을 통해서 자신을 향해 내뱉은, 나는 사랑에 실패했다는 말.

■ 경험

첫 연애라는 경험, 첫 키스, 첫 관계 등 모든 것이 처음이었고, 바람피운 사람을 만났으며, 자신이 헌신해도 버림을 받는 경험을 하게 됩니다.

위의 경험을 통해서 여자의 내면의 사고(믿음)가 만들어집니다. '남자들을 믿지 말아야겠다. 나는 사랑에 실패한 사람이야.' 이것이 제가 말하는 내면에 입혀진 사고입니다. 이것은 사고가 되어 앞으로 감정과 행동을 지배하게 됩니다.

앞으로 누구를 만나더라도 이 사고방식에 의해 본인이 원하지 않아도 경험을 통한 믿음의 렌즈를 끼고 연애를 하게 됩니다. '남자들은 날 버릴 거야, 남자는 바람둥이야.' 이렇게 자신이 미래에 만나게 될 사람도 믿음의 렌즈를 통해 바라보게 될 것입니다. 이 여성분은 원하지 않지만 자신도 모르게 그렇게 느끼고 살게 된다는 것이죠.

처음으로 입혀진 날

그럼 이번에는 제 이야기를 해보겠습니다. 유년시절 여름마다 지리산 계곡으로 가족 모임을 항상 갔던 기억이 있습니다. 그날도 참 무더운 날이었습니다. 저는 호기심이 많은 아이였고 모든 것에 도전하길 좋아했습니다. 가재도 잡고 물고기도 잡고, 수영을 잘하진 못하지만 다이빙도 겁이 없어서 잘 뛰었죠. 저는 계곡에서 하는 물놀이가 참 좋았습니다.

그 일이 있었던 해에도 당연히 큰이모가 사시는 지리산에 놀러가게 됐습니다. 물놀이 할 생각에 너무 즐거웠고, 스트레칭을 하고 물안경을 챙겨서 물에 뛰어들었습니다. 내 나이 8살, 정신없이 물놀이를 하다가 생각했던 것보다 깊은 곳에 빠지게 됩니다. 전날에 비가 많이 왔는지 물길이 평소보다 조금 거칠었고 나도 모르게 놀다 보니 제 키보다 깊은 곳에 오게 된 거죠. 제가 있는 곳에서 사람들이 보이는 곳은 2미터 거리도 안 되어 보이는데 당황해서 숨이 안 쉬어집니다.
"살려주세요! 살려~~주세요."

순간 어린 저는 죽음의 공포를 맛보고, 죽었다고 생각했습니다.
"나는 죽겠구나..."
그때 아버지가 허우적거리는 저를 안고 물 밖으로 나와 주셨습니다. 물에 빠져 숨을 쉬지 못한 것은 30초도 안 될 텐데, 물의 무서움과 죽음을 경험하게 되었습니다.

여러분, 우리 한번 더 생각해봅시다. 8살 전까지 물에 대한 사고와 이 순간을 겪은 후의 사고는 180도 변하게 됩니다.

▨ 보고

물속에 빠져 허우적거리는 내 모습을 내가 보았다. 사람들이 소리치며 난리가 나고 아버지가 급히 나를 구하러 오는 것을 보았다.

▨ 듣고

"살려주세요!"

살고 싶은 나의 목소리를 내가 들었고, 주위 어른들의 걱정과 다급한 목소리들이 들렸고, 가족들의 우는 소리를 들었다.

▨ 경험

아버지가 나를 구해주셨고, 구급차에 실려 갔으며, 죽음의 문턱에서 간신히 살아남은 것을 경험했다.

이 사건을 통해서 저는 무엇을 얻게 되었을까요? 물을 생각할 때 제 사고방식(믿음)은 180도 달라졌습니다.

사고 전 : 물에서 노는 것은 행복하고 즐거운 시간, 물놀이가 너무 좋아.
사고 후 : 물은 죽음, 나는 물 자체가 무서워, 물에 못 들어가겠어.

저는 그 일을 경험하고 나서 몇 년을 물 안에 들어가지 못했습니다. 물에 들어가려 시도했지만 물을 보면 심장이 뛰었고, 가슴이 답답해졌습니다. 제가 의지를 갖고 들어가려 할 때마다 무서웠고 두려웠습니다. 물은 이제 재미있는 놀이가 아닌 죽음이 된 겁니다. 물에서 즐기는 레저 활동을 할 수 없었고, 목욕탕 한번 가기도 힘들었습니다. 다행히 지금은 저도 내면을 공부하고 훈련하면서 수영은 잘 못하지만 물 안에서 즐거움을 느낄 수 있게 됐습니다.

위의 두 사연들로 무엇을 느끼셨습니까? 여러분이 원하든 원하지 않든, 보고, 듣고, 경험한 것으로 여러분 내면의 사고가 만들어 진다는 것입니다. 그럼 무엇이 중요할까요? 과거를 기억하고 자신의 입혀진 상태라는 것을 받아드리고, 앞으로 의식적으로 보고 듣고 경험할 것을 바꿔야 당신의 내면이 변화할 수 있단 뜻입니다. 저는 이것을 처음 배웠을 때 그때까지 제가 인생을 헛살았다는 생각을 참 많이 했습니다.

완벽하게 당하고 살고 있었네... 제가 느끼고 경험하고 있는 것이 내가 선택한 것이 아니라 입혀진 선택이라고, 그래서 항상 나는 이 삶속에서 벗어나지 못한 거라고...

처음에는 너무 억울하기도 하고 화도 났지만, 더 깊이 생각하며 사고를 전환하니 위안을 받을 수 있었습니다. 그렇다면 지금까지 내가 보고 듣고 경험한 것을 바꿀 수 없지만, 앞으로는 의식적으로 바꿔나간다면 다른 사고를 갖고 살 수 있다는 것 아닌가?

이것이 새로운 제 인생의 시작이었습니다.

당신의 감정과 행동은 어떻게 만들어지는가

내면에 대한 이야기를 할 때 심리학에서는 인지행동이라는 단어가 자주 등장합니다.

인지행동이란? 사고는 감정을, 감정은 행동을 만들어냅니다. 사고를 기반으로 여러분이 느끼는 감정과 행동을 만들어내고 있는 것입니다. 이것은 나중에 더 깊이 있게 이야기해보겠습니다.

사람들이 책을 보거나 영상을 보아도 각자가 가지고 있는 사고의 안경으로 보기 때문에, 같은 책을 보고 영상을 보고 음악을 들어도 각자 다른 것을 보고 듣는 것입니다.

더 이상 이렇게 살고 싶지 않아요

많은 내담자분들과 상담을 하다 보면 저마다 자신의 삶을 바꾸기 위해 각자의 방식과 방법으로 자신의 삶의 변화를 위해 부단히 노력하고 있습니다. 여러분이 이 책을 보는 것도 그 많은 무엇 중에 하나일 거라 생각합니다. 그런데 만약에 지금 여러분이 부단히 노력하는 것들 안에 당신의 삶을 바꿀 수 있는 답이 없다면 어떨까요? 자신의 변화와 관련 없는 것을 하고 있다면, 당신이...

(2019년 12월 눈 내리던 어느 날, 내담자의 전화를 받는다.)

내담자   마크 최님, 제가 영상도 많이 찾아보고 많이 깨닫고 머리로는 아는데 항상 상대를 의심하게 되고 스스로 이러면 안 되는 걸 알고 스트레스도 너무 받아서 안 하려고 노력 중인데, 생각처럼 안 돼요. 지금은 제 삶을 제대로 살 수도 없어요. 더 이상 이렇게 살고 싶지 않아요. 무엇 하나 제대로 돌아가는 게 없어요. 일하는 곳에서도 사람들이 저를 함부로 대해서 상처받았어요. 사랑에 있어서는 항상 다투고 상대는 제가 이해심이 부족하대요. 좋아지고 싶어서 정신과에 가서 우울증 약도 먹고, 책도 보고, 영상도 많이 보고 있어요. 진짜 열심히 노력하고 있는데 항상 시간이 지나면 똑같아요. 마치 어항 속 금붕어가 항상 제자리를 맴도는 것 처럼요.

마크 최   내담자님, 잠깐만요!!! 내담자님에게 해드리고 싶은 제 이야기가 있어요. 들어보시겠어요?

(부단히 노력하고 있는 독자 여러분, 잘 보세요.)

마크 최   제가 얼마 전에 큰마음을 먹고 좋은 컴퓨터를 한 대 샀어요. 본체는 2,000만 원에 모니터는 200만 원 그리고 키보드와 프린터까지 모두 합해서 2,500만 원 정도 썼어요. 이 정도면 좋은 건가요?

내 담 자 엄청 비싸네요. 좋은 거 산 것 같아요!

마크 최 중요한 작업이 있어서 컴퓨터를 켜서 워드 작업을 시작했어요. 1시간 정도 소요됐나? 작업을 마치고 인쇄를 눌러 프린트를 했어요. 뽑힌 프린트를 봤는데 아니! 오타가 두 글자 나 있는 거예요. 지우고 다시 뽑아야 해요. 여기서 질문! 제가 쓴 오타를 지우려면 어떻게 해야 할까요? 그래야 제가 원하는 내용을 다시 뽑을 수 있잖아요.

내 담 자 당연히 오타를 수정해서 프린터를 다시 하면 되는 거 아닌가요?

마크 최 맞아요! 당연한 답이죠? 그래서 저는 옆에 있는 지우개를 들고 모니터에서 틀린 부분을 열심히 지웠어요. 한 1분 정도 지웠을까요? 열심히 지웠으니 이제 됐다고 생각하고 프린트 버튼을 누르면 수정된 내용이 나오겠지 싶어서 인쇄를 눌렀죠. (클릭) 아니 뭐지? 왜 똑같이 나오는 거지?

내 담 자 ...

마크 최 '바보! 이게 아닌가보다. 아까 쓴 지우개보다 더 크고 좋은 지우개로 더 오래 지우면(행동하면) 내가 원하는 프린트물(삶의 결과)이 나올 거야.' 하지만 결과는 똑같았죠. 내담자님, 제가 어떻게 해야 다른 결과물을 뽑을 수 있을까요?

내 담 자 컴퓨터 프로그램에 들어가서 그 글자를 바꿔야 해요.

마크 최 맞아요. 당연한 이야기죠. 몇 날 며칠을 비싸고 큰 지우개로 많은 시간과 노력해서 닦으면 다른 결과가 나오나요? 마크 최 님이 엉뚱한 소리를 하나 싶겠지만 이 이야기가 무슨 뜻이냐면, 여러분이 다른 결과를 얻기 위해 제일 먼저 내면의 프로그램(사고)을 바꾸지 않으면, 물론 바꾸고 있다고 생각하겠지만, 또 그 프로그램에 맞춰서 똑같은 일이 일어난다는 것을 말해주고 싶었어요.

내담자   아하! 그럼 저는 무엇을 해야 할까요?

마크 최   무엇을 어떻게 하기 전에 한 가지만 더 이야기하고 싶어요. 나무가 있다고 생각해봅시다. 여러 나무가 있겠지만, 은행나무가 있다고 같이 생각해봐요.

내담자   네, 은행나무요.

마크 최   은행나무에는 무슨 열매가 열리겠어요? 당연히 은행이겠죠. 은행나무 열매 좋아하세요?

내담자   은행이요? 저는 싫어요. 은행열매가 열리면 냄새도 심하고, 먹고 싶은 생각도 안 들고...

마크 최   그렇군요~. 그렇다면 나무의 열매는 과연 어디서부터 결정되는 걸까요?

내담자   ...

마크 최   우리 눈에 보이지는 않지만, 땅 속에 있는 뿌리에 의해서 결정되는 거죠.

내담자   아니, 그렇게 당연한 것을 심각하게 이야기하세요?

마크 최   제가 말하고 싶은 핵심이 이 안에 있어서, 당연하지만 나무를 비유로 쉽게 설명해드리려고 하는 거예요. 사람들이 겪고 있는 여러 사건들이 나무의 열매입니다. 재정도 건강도 사랑도 인간관계도 나무의 열매는 현실에 일어나는 일들이에요. 많은 내담자님들이 각자의 삶의 열매를 싫어해요. 그래서 부단히 노력하죠. 여러 모습들로 마치 은행나무의 은행이란 열매가 열리는 것이 싫어서 자신이 원하는 사과나 혹은 배를 접붙이기 하고 있는 것과 같다고 할까요. 근데 내담자님, 그것을 접붙이기 하면 오래 갈 수 있나요? 시간 속에서 그 사과와 배는 떨어지고 이내 다시 은행 열매가 다시 열리죠. 사람들은 눈에 보이는 열매를 보고 열매에만 신경 쓰지만 사실 가장 중요한 것은 보이지 않은 땅 속에 있는 뿌리, 즉 사람으로 치면 내면이 중요한 겁니다.

당신의 내면이 당신의 삶이라는 열매를 결정합니다

마크 최   한 가지 예를 더 들어볼게요. 미국의 로또복권 알죠? 몇백억 당첨금 터진 복권이요.

내담자   네. 뉴스로 봤어요. 미국은 당첨금액이 엄청 크더라고요.

마크 최   그러면 미국에서 로또가 당첨되고 그 부를 유지하는 사람이 얼마나 될 것 같아요?

내담자   그렇게 엄청난 액수의 부자가 되면 80~90%는 유지가 되겠죠? 평생을 먹고 살고도 남을 금액이니까요.

마크 최   아니요. 10% 미만입니다. 참 신기하지 않나요? 그 정도의 액수면 건물을 사서 월세를 받거나 매달 안정적으로 즐기면서 살면 될 텐데, 왜 파산하거나 평화로운 가정에 바람이 나고 마약에 빠질까요?

내담자   듣고 보니 그러네요. 왜 그런 거죠?

마크 최   우리가 내면을 이야기하고 있으니 접목해서 생각해봅시다. 당첨자의 삶에 어느 날 돈이라는 열매가 엄청나게 많이 주렁주렁 열린 거예요. 그것도 다른 사람이 접붙이기 식으로 10개 열릴 곳에 10,000,000개를 붙여준 거죠. 이 사람은 갑자기 많아진 열매로 행복하고 즐겁게 앞으로 보낼 멋진 미래를 그려요. 하지만 돈이 열린다고 이 사람들이 기존에 가지고 있는 내면이 바뀌는 건 아니죠. 시간 속에서 보이지 않은 뿌리에 의해 열매들은 감당이 되지 않으니 이내 땅에 떨어지고, 다 사라지게 되는 거예요. 그래서 딱 그 사람이 가지고 있는 내면에 맞는 돈만 남게 되는 거죠. 이것은 단순히 로또 당첨자뿐만 아니라 우리 주위에도 많이 있어요. 지금 내담자님에게 일어나는 열매는 다 내면의 뿌리(프로그램) 때문이에요. 재정 상태, 인간관계, 사랑, 행복 등 모든 것들이 연관되어 있죠.

내담자　마크 최님, 이제는 내면이 왜 중요하고 얼마나 중요한 건지 알겠어요.

마크 최　그렇다면 다행이군요. 그런데 그거 아세요? 사람들은 막상 본인이 생각한다고 여기지만 생각한다고 착각하고 있다는 것을요.

내담자　(생각을 안 한다고? 살짝 기분이 나빠진 말투로) 저는 그래도 많이 느끼고 생각하려고 노력해요. 그러니까 이렇게 마크 최님에게 상담도 받고 있잖아요. 제가 몰랐던 내면적인 부분에 대해서 깨달음을 준 건 감사하지만 생각을 안 한다는 건 조금 이해가 안 되네요.

마크 최　(웃으면서) 그럼, 저 한 가지 질문만 해도 되나요?

내담자　네.

안다는 것은 무엇인가

마크 최　내담자님도 그렇고 사람들이 말하는, 아는 것이란 무엇일까요? 저에게 상담을 신청하는 사람들이 여자친구나 남자친구

와 헤어지고, 헤어진 이유에 대해서 안다면서 이번에 정말 깨
달아서 잘할 수 있다고 이야기를 많이 하거든요. 아는 것과
깨달은 것은 무엇일까요?

내담자　음.., 그전에는 몰랐던 것을 아는 것 아닐까요?

마크 최　몰랐던 것을 알면 아는 것이고 깨닫는 건가요?

내담자　네. 저는 그렇게 생각해요

마크 최　그렇다면 본인 말처럼 자신이 담배를 피면 안 되는 것을 공익
광고나 여러 매체에서 안 좋은 것을 알고, 보고, 깨닫는데 왜
많은 이들은 담배를 필까요? 그리고 살이 쪄서 날씬한 사람
들을 보면서 살이 쪘다는 것을 아는 게 아는 걸까요? 더 나아
가서 남자를 만나면 항상 의지하고 부정적인 말과 행동을 한
다는 것을 깨달았으니 이것은 아는 건가요?

내담자　듣고 보니 그러네요. 그럼 정말 안다는 게 뭔가요?

마크 최　아는 게 무엇인지 제가 내린 결론은 이거예요. 첫째 안다는
것은 누군가에게 아는 것을 설명할 수 있는 것이에요. 제가
지금 내담자님에게 설명하고 있는 것처럼요.

내담자　그러네요. 학교 선생님처럼 무언가를 알려주려면 그것을 알
아야 가르칠 수 있겠죠.

마크 최　맞아요. 하지만 누군가에게 설명하는 것은 50%라고 생각해
요. 반쪽자리인 거죠. 나머지 50%는 아는 것을 삶 속에 행
동할 때 그것을 아는 것이라고 생각해요. 완벽하지 않더라고
그 방향으로 의식적으로 행동으로 옮기며 사는 것이죠. 담배
가 나쁜 것을 알지만 담배를 피우고 있다면 나쁜 것을 아는
게 아니죠. 내가 사랑할 때마다 집착하고 의심하는 것이 잘
못된 것을 알지만 그것을 행동으로 실천하지 않으면 그것은

아는 것이 아니에요. 그래서 많은 사람들이 느낌적인 것으로 알았다, 깨달았다고 말해요. 감정만 있을 뿐인 거죠. 그러니 이성적인 사고로 다른 사람에게 말로 설명하지 못하고, 설명을 하더라도 삶에 실천으로 옮기는 사람은 드문 겁니다.

내담자   지금까지 설명해주신 '안다'의 개념은 이제 정확히 알겠어요. 그렇지만 이것을 실천하는 기준이 애매해요.

마크 최   다이어트 해야 되는 사람이 깨닫고 실천할 때, 어느 날 운동을 안 했다면 이 사람은 아는 게 아니라고 말할 수 있나요? 중요한 것은, 아는 것을 의식하고 그 방향으로 나아가기 위해 행동하고 있느냐로 정의하고 싶어요. 내담자님이 꼭 아는 분이 되셨으면 합니다.

여러분, 위의 내용을 보고 무엇을 느끼셨나요? 여러분이 무언가를 계획하고 행동할 때 행동보다 더 우선순위가 되어야 하는 것은 바로 여러분의 내면이 어떻게 만들어지는지 그 내면이 왜 중요한지 배우는 것입니다. 또 안다는 것을 스스로에게 설명하고 납득이 되지 않거나, 행동으로 실천하지 않는다면, 여러분은 그저 감정적으로 느끼는 것일 뿐입니다.

그리고 여러분이 자신의 사고를 들여다보는 것을 훈련해야 실제 삶 속에서 다른 열매가 열립니다. 그 열매는 여러분이 앞으로 보고, 듣고, 경험한 것으로 바꿀 수 있습니다. 여러분이 저와 함께 의식적으로 보고, 듣고, 경험을 바꿔나가길 바랍니다. 제 인생의 진리인 심은 대로 거둔다는 말처럼, 앞으로 여러분의 인생에 무엇을 심고 싶으신가요?

내면이 당신의 인생을 만든다

(2주 뒤, 한 카페에서 그녀를 만났다.)

마크 최   오랜만이에요. 잘 지냈어요? (이유는 모르겠지만 표정이 어두운 내담자.)

내담자   네. 선생님도 잘 지내셨나요?

마크 최   자신의 내면에 대해서 들여다보는 시간을 가져봤나요?

내담자   마크 최님, 제가 이해력이 떨어져서 그런 건지... 알 듯 모를 듯 어렵고, 어디서부터 시작을 해야 할지 모르겠어요.

마크 최   네, 좋아요. 처음엔 어려운 게 당연한 거예요. 그럼 사고에 대해 한번 이야기해봅시다. 여기 앞에 있는 커피 보이죠? (조금 마셔서 2/3정도만 있는 커피를 이야기했다.)

내담자   네, 보여요. 근데 그건 왜 물어보시는 건가요?

마크 최   그냥요^^. 그럼 내담자님이 보기에 이 커피의 양이 많은가요, 적은가요?

내담자   적은 거 같기도 하고. 많은 거 같지 않아요.

마크 최	그래요? (나는 그 자리에서 커피를 1/10정도만 남기고 다 마셔버렸다.) 그럼, 이것은 어때요? 많은가요, 적은가요?
내담자	당연히 곧 바닥이 보이니 적죠.
마크 최	그렇다면 내담자님이 말하는 많고 적은 것의 기준은 무엇인가요?
내담자	음... (한참을 고민한 끝에) 절반 이하면 적다고 하고, 그보다 많으면 많다고 하는 거 같아요.
마크 최	아하! 그래요. 내담자님은 언제부터 그렇게 생각하게 된 거죠?
내담자	그러게요? 제가 언제부터 이렇게 생각했을까요? 잘 모르겠어요.

· · ·

제가 위와 같은 상황을 말하는 이유는 이것이 우리가 삶을 받아들이는 하나의 현상이기 때문입니다. 우리가 선택했다고 생각했던 것들도 이미 우리 안의 어떤 기준에서 나타나고 있는 것이죠. 그것을 '무의식 사고'라고 합니다.

앞에서도 계속 말했지만, 우리는 생각한다고 생각을 하고 있지만, 사실 생각한다고 착각할 뿐입니다. 그렇기 때문에 저는 여러분을 생각하게 만들고 싶습니다. 위의 내용이 중요한 이유는 매일 마시는 커피 한 잔에도 본인이 내리고 있는 판단기준, 즉 결론이 있다는 겁니다.

절반 이하면 적고, 그 이상이면 많고... 내가 시작이 언제인지도 모르는 그 기준으로 하루를 살아가고, 느끼고, 행동한다는 게 정말 소름끼치고 놀라운 일 아닌가요? 작은 커피 하나의 예시만 들어도 이렇게 사고하고 살아가는데 우리의 인생은 어떨까요?

여러분이 어떤 기준을 가지고 살아가는가에 따라 그 기준에 대한 결론으로 삶을 살아가는 것입니다. 내면에 있는 사고방식을 스스로 깨닫지 않는 이상 여러분의 인생에서 사랑과 인간관계, 재정은 지금과 크게 달라지지 않을 것입니다. 저는 여러분이 스스로 진정한 답을 찾을 수 있게 돕고 싶은 것입니다.

만약 위의 질문을 제게 했다면 저는 저 양도 많다고 대답했을 것입니다. 예전에 저는 가득 차 있어도 항상 부족했을 때가 있었습니다. 그때는 가득 차 있어도 계속 저도 모르게 더 제 것을 찾고, 챙기게 되면서 저도 모르는 탐욕이 생겼던 거죠. 그러다 사고를 전환하는 계기가 생기면서, 약간이라도 목을 축일 수 있다면 많다고 제가 의식적으로 받아들이게 되었습니다. 이렇게 내면의 사고가 바뀌면서 저는 새로운 경험을 했습니다.

"남들이 보기엔 적다고 할 수 있지만 이것을 먹으면서도 부유함을 느낄 수 있구나, 나눌 수도 있구나."

콩 한쪽이라도 나눠먹으라는 말처럼 작은 것에서 감사함을 안다면 더 많은 것을 얻을 수 있습니다. 현상에 대한 받아들임이 아니라, 본인 마음의 기준으로 현상을 어떻게 받아들이는지가 중요한 겁니다. 제가 이 이야기를 하는 것은 본인이 원한다면 본인의 내면을 바꿀 수 있기 때문입니다. 많은 내담자님들이 자신의 모든 것을 바꿀 수 있다고 이야기하면 그게 정말 가능한가요, 라고 반응을 합니다.

그게 정말 가능한가요

이 부분에 대한 설명을 드리기 전에 한 가지 진리를 다뤄보고 싶습니다.

여러분은 사람과 동물의 차이를 아시나요? 신이 동물과는 다르게 인간에게만 주신 특권을 아는 분이 있나요? 정답을 아는 분도 있을 거라 생각합니다. 동물은 사람과 다르게 본능 안에서 움직입니다. 이미 정해놓은 것 안에서 움직이기 때문에 새로운 것을 만들어내지 못하죠. 신이 사람에게 준 유일한 특권인 사고할 수 있는 이성 때문에 사람만이 유일하게 자신의 내면을 바꿔서 자신의 삶을 바꿔갈 수 있는 존재입니다.

여러분의 내면 안에는 무엇이 있나요? 나와 너 그리고 세상을 살아갈 앞으로의 당신의 내면을 찾아보도록 하겠습니다. 나다움에 대한 이야기를 함께 해볼까요?

(2019년 10월 13일, 새벽에 전화벨이 울린다.)

내담자　마크 최님, 새벽에 주무실 텐데 제가 너무 급해서 실례를 무릅쓰고 전화했어요. 죄송합니다.

마크 최　괜찮습니다. 무슨 일이시죠?

내담자　자꾸 여자친구가 의심이 돼서 잠이 오지 않아요. 이러면 안 되는 거 아는데... 정말 제가 왜 이러는지 모르겠어요.

마크 최　의심받을 행동을 여성분이 했나요?

내담자　아니요. 그런 것은 아닌데... 요즘 연락도 좀 뜸해지고, 애정표현도 잘 안 해주고...

마크 최　그렇군요. 그렇다면 내담자님은 연락이 잘 안되거나, 애정표현이 줄면, 의심이 들고, 바람을 피우는 건가요?

| 내담자 | 아니요. 그건 아닌데 저도 제가 왜 그러는지 모르겠어요. 이러는 제가 이상한 것도 알고 미쳤나 싶기도 하고... 여자친구가 저를 사랑하는 걸 아는데. 그래서 더 답답해요. |

1시간의 통화로 이 분의 과거의 환승이별과 부모님의 이혼을 알 수 있었습니다. (이 분이 무엇을 보고, 듣고, 경험했나요?) 저는 위의 상담을 통해 이 분의 내면 안에 그것이 왜 생겼는지 알 수 있었고, 문제를 멀리서 볼 수 있는 시각과 이 문제를 풀 수 있는 답이 자기 자신에게 있다는 것을 알려주고 싶었습니다.

인식시키자! 사고는 감정을, 감정은 행동을 만든다!

마크 최	말할 곳도 없이 얼마나 힘들었어요, 전화 잘 하셨어요.
내담자	(눈물) 그냥 제가 이상한 사람인 것 같고 너무 힘들었어요.
마크 최	제가 내담자님과 같은 상황이면 저도 많이 아프고 힘들었을 거 같아요. 지금 사랑하는 사람 때문에 많이 아프잖아요? 벌어지지도 않은 일들에 대해서 두려워하고 계시고요. 내담자님이 생각하는 사랑은 뭔가요?
내담자	갑자기 사랑이요? 그냥 함께 있어 주는 것이요. 그리고 위로해주고 아껴주는 것이요.
마크 최	그렇군요. 질문 하나 해도 될까요?
내담자	네.
마크 최	함께 있어주지 못할 상황이 오거나 위로를 못 해주는 상황이 온다면 사랑이 아닌가요? 그리고 나를 아껴주지 않는다고 느끼면 사랑이 아닌가요?

내담자   그건 아니지만... 행복하고 즐거우면 좋잖아요.

(자신의 감정만을 이야기한다. 나는 사고를 밝혀주고 싶다.)

마크 최   당연히 좋죠. 근데 제 질문은 그것이 사랑이냐는 것을 묻고
         있는 거예요. 예를 한번 들어볼게요. 외아들을 키우는 어머
         님이 계십니다. 엄마는 아들을 사랑해요. 그래서 아이와 함
         께 시간을 보내고 싶어하죠. 왜냐하면 당연히 사랑하니까요.
         학교가 끝날 때도 태우러 가고, 밥도 같이 먹어야 하고, 친구
         를 만나러 갈 때도 데려가줘야 하고, 친구랑 만나고 헤어질
         때까지 앞에서 기다리고... 엄마는 아이를 너무 사랑하기 때
         문이죠. 그뿐 아니라 아이를 사랑하니까 힘든 것은 없는지
         엄마를 의지해야 한다고 이야기해요. 엄마는 네 편이고, 엄
         마는 너를 사랑하기 때문에 힘든 것이 무엇이든 엄마와 모든
         것을 공유해야 한다고 말이죠. 내담자님이 이 이야기를 듣기
         에, 이 아이는 엄마에게 사랑을 느낄까요? 엄마의 사랑은 어
         떻게 느껴지나요?

내담자   ... (말이 없다.)

마크 최   그냥 함께하고 위로해주고 의지해주면 사랑이라는 내담자님
         의 말 기억하죠? 이것이 내담자님이 지금 자신도 모르게 감
         정을 느끼는 이유예요. 그리고 지금처럼 하는 행동의 이유이
         기도 하고요. 지금 내담자님이 말한 사랑에 대한 내면의 사
         고를 바꾸지 않으면 이 감정에서 벗어나기 어려울 거예요. 그
         리고 행동으로 옮기긴 더더욱 어려울 수 있어요. 지금 기존에
         본인이 가지고 있는 사랑의 정의로 세상을 바라보니 다른 것
         이 보일 수 없죠. 다른 사랑을 하고 싶다면 적어도 사랑에 대
         한 사고방식을 바꿔야 합니다.

내담자	사고방식이요? 그럼 사랑이 뭔대요? 정답이 있나요? (약간 화냄)
마크 최	정답은 없죠. 각자가 결정하는 것이니까요. 다만 내담자님처럼 이야기하는 것은 사랑의 정의보단 사랑의 여러 가지 모습 중 하나일 뿐인데, 하나를 전체라고 생각하고 있는 건 압니다.
내담자	그럼 답을 주세요. 지금 당장 바꿀게요...!!!
마크 최	아뇨, 답을 안다고 해서 본인이 무엇 때문에 이런 감정을 느끼는지도 모르는데, 어떻게 변화하겠어요? 지금 느끼는 감정과 행동들은 자신이 원해서 하는 거 아니잖아요? (사람은 인식하지 않으면 변할 수 없다.)
내담자	맞아요... 그럼 도대체 어떻게 해야 된다는 건가요...
마크 최	내면의 사고방식을 이해해야 돼요. 자신이 무의식적으로 흘러가고 있는 것을 알아야 합니다.

많은 사람들이 지금 상황을 당장 바꾸고 싶고, 급한 나머지 외우거나 받아들이려고 합니다. 정작 자신이 어떤지도 모르고 감정적으로 깨달았다고 생각해서, 바뀔 수 있고 변했다고 생각합니다.

지금부터 제가 감정과 행동을 바꾸는 방법에 도움이 되는 방법을 알려드리겠습니다. 심리학에서는 인지행동 요법이 있습니다. 사고와 감정, 행동에 대해 이야기하는 거죠. 제가 하는 말을 한번 소리 내어서 따라 해보세요.

"사고는 감정을, 감정은 행동을, 행동은 사고를, 사고는 감정과 행동을 만든다."

그렇기 때문에 여러분의 행동을 바꾸고 싶으면 감정을 바꾸고, 감정을 바꾸고 싶으면 사고를 바꾸면 됩니다.

마크 최　쉽게 예를 한번 들어볼게요. 직장에 내담자님 바로 아래로 새로 후임이 들어 온 거예요. 이제 막 21살이 된 친구가 들어 온 거죠. 그런데 이 친구가 인사를 하는데 깍듯하게는 못 하더라도 예의는 있어야 하는데, 고개만 까딱이면서 목소리도 "안녕하세요." 기어들어가듯이 하는 게 아니겠어요? 이때 내담자님은 어떤 생각이 들까요?

내담자　'얘는 뭐지', '왜 저러지', '예의가 없네', '싸가지 없네' 이런 생각이 들어요.

마크 최　그 다음에는 어떤 감정이 느껴지나요?

내담자　짜증이 나고 기분이 나쁘고, 화가 나요.

마크 최　그 다음 본인은 어떤 행동을 했을까요?

내담자　그냥 무시하거나 아니면 퉁명스럽게 대하면서 이야기할 것 같아요.

마크 최　그러면 이제 제가 내담자님 안으로 들어가볼게요.

내담자　(당황) 네?;;;

마크 최　아까 우리가 한 생각을 예의 없고 싸가지 없다가 아니라, 나도 어릴 때, 막 사회에 나왔을 때 낯가림도 심했고 선배들이 어려웠었지, 라고 사고를 했다면 어떤 감정이 생기나요?

내담자　짜증나거나 화가 안날 것 같아요. 그때 생각이 나서 뭔가 귀엽게 보이고, 얼마나 어려울까, 안쓰러울 것 같아요.

마크 최　좋아요. 그 다음에는 어떤 행동을 했을까요?

내담자　그 친구를 밖으로 데리고 나가서 부드럽게 대화를 시도해볼 것 같아요.

마크 최　제가 이것을 왜 이야기하는지 아시겠어요? 사람의 감정과 행동은 사고에 의해 결정이 되기 때문이에요.

(물론 행동에 따라 많은 것들이 변할 수도 있다. 그 이야기는 뒤에서 나올 것이다.)

마크 최   내담자님이 사랑에 대한 사고를 바꾼다면 지금의 감정과 행동을 안 할 수 있어요. 만약에 본인이 이 사고를 바꾸지 않으면 지금부터 이 사고로 인하여 어떻게 상황들에 미치는지 이야기를 해볼게요. 사랑에 대한 사고가 함께하고 의지해야하는 것이기 때문에 상황 속에서 더 많이 힘든 거예요. 왜냐하면 의지하지 못하거나 함께하지 못할 때 사랑이 아니라고 무의식적으로 계속 느끼기 때문이에요. 사실이 아님에도 불구하고 사랑의 사고로 감정을 느끼기 때문에 여자친구에게 서운함을 계속 표현하게 되는 거죠.

참을 수도 있겠지만 결국엔 얼굴에 다 티가 나게 되고, 여자친구는 왜 나를 못 믿지? 라는 생각이 들겠죠. 이런 일들이 시간 속에서 쌓이게 되면서 내담자님이 불편해질 거예요. 내담자님은 본인이 서운해하지 말아야지, 믿어줘야지 백날 생각하고 말해도, 사랑을 하는 주체가 자신이기 때문에 사랑의 정의(사고)를 바꾸지 않는 이상 변화는 없어요.

그리고 마지막으로 내담자께서 저에게 가장 많이 쓴 말이 뭘까요? 바로 "그냥"이라는 말이에요. 그냥이란 단어는 본인의 내면의 사고가 입 밖으로 나오는 것이기 때문에 그 말을 의식적으로 꼭 멈추세요. 그렇지 않으면 그냥이라는 세상에서 그냥 살게 될 것이기 때문이에요.

내 담 자   내 안에 사고방식을 들여다볼게요. 사랑의 정의도 다시 생각해봐야겠어요.

여러분은 위의 내용을 보고 무엇이 가장 마음에 와 닿았나요? 당연히 사람마다 다 다르겠죠? 이미 여러분이 가지고 있는 내면의 렌즈로 바라보게 될 테니까요. 다시 한 번 더 강조하겠습니다. 생각하고 또 생각하세요...! 지금까지 해왔던 것을 바꾸고 싶다면 스스로 질문을 해보세요. 사랑을 왜 하는지? 사랑은 무엇인지? 왜 여러분은 자기 자신에게 묻지 않나요?

운전자에게 운전을 하는 이유를 물어보면 이렇게 대답해요.
"그냥, 그냥... 열심히 달리는 거야. 공기가 좋아서."
인생이라는 길 위에서 운전대를 잡고 운전을 해야 하는데, 운전을 하는 사람이 목적지가 어디인지도, 지금 어디로 가는지 모르고 운전을 하고 있나요?

· · ·

여러분이 불편하더라도 할 말은 해야겠습니다. 여러분의 사고와 무의식 사고를 인식해야 합니다. 그리고 지금껏 그냥 살았던 것을 인정해야 합니다. 여러 책들과 유튜브에서 말하는, 사랑을 이렇게 해라 저렇게 해라 혹은 연락은 이렇게 해야 된다 등, 이런 것들이 정말 중요할까요? 스스로에게 질문해보세요.

자신에게 존중과 배려는 무엇인가?
행복은 무엇인가?
인생은 무엇인가?
믿음은 무엇인가?

대답하지 못하는 자신을 보면서 다시 한 번 생각하지 않는 자신을 마주

할 뿐이죠. 뒤로 미루지 말고 지금 당장 여기서 생각하고 앞으로 찾아가야
합니다. 스스로 얼마나 말도 안 되는 정의를 가지고 그것을 사실이라고 믿
고 살아왔는지 깨달으면서 말입니다. 그것들을 인식하고, 인정해야만 변화
의 첫 시작이 되는 것입니다.

사고는 감정을, 감정은 행동을 만든다

위의 장에서 말했듯이, 내면이 존재하는 것과 얼마나 많은 사람들이 내면에 대해 모른다는 것과, 많은 사람들은 "행동을 바꿀래요. 나 이런 감정을 안 느끼고 싶어요. 저 이렇게 살기 싫어요"라고 합니다. 그렇다면 무엇을 바꿔야 될까요. 백날 행동을 바꿔봤자 여러분은 항상 그 자리에 서성일 것이라는 것과, 인생의 답은 내면에 있는 사고를 바꿔야 한다고 이야기했습니다.

인식하라! 자기 대화는 (자신이 이야기한 것을 자신이 듣고 경험하기에) 사고가 된다.

그럼, 이제부터 더 중요한 이야기해볼게요. 나의 내면은 곧 나이기 때문에 내가 누구인지 인식하는 것이 가장 중요합니다. 내가 나를 어떻게 생각하는가, 이것을 우리는 자존감이라고 합니다.

자존감에 대한 정의는 본인이 자기 자신을 평가는 기준인데요. 본인이 자기 자신을 어떻게 평가하는 사고를 가지고 있느냐에 따라 인생이 설계됩니다. 따라서 자신의 미래에 대해서 어떻게 본인이 사고하고 있는지가 굉장히 중요하겠지요.

많은 분들이 상담할 때 이야기를 하죠.
"나는 아무것도 못 해요. 잘 안 돼요, 나는 되는 일이 없어요."

여러분에게 미안하지만, 그것이 여러분의 뿌리입니다. 그런 마음을 가지고 세상을 어떻게 바라볼까요? 당연히 그 기준대로 바라볼 거예요. 그리고 어떤 열매가 맺어질까요? 안 되는 열매가 맺어질 거예요. 여러분 마음속에 있는 뿌리 때문에 그렇습니다.

본인 안에 있는 자신의 뿌리를 깨달은 사람들은 더 부유하게 될 것이고, 지금보다 훨씬 더 성장할 수 있습니다. 수많은 자기계발서에서 내면의 자기 자신을 믿으라고 하는 이유가 바로 여기에 있습니다. 그렇기 때문에 본인이 자기 자신에 대한 믿음이 없다면, 다른 사람을 믿을 수도 없고 본인의 인생을 바꿀 수도 없는 거예요.

여러분이 수많은 노력을 하더라도 그 바탕에 자기 자신에 대한 믿음이 없다면 누군가를 설득시킬 수도 없고, 누군가를 사랑해줄 수도 없고, 본인의 인생을 바꿀 수도 없게 되는 겁니다. 열매의 시작인 뿌리가 잘못 되었기 때문입니다. 그렇다면 제일 먼저 무엇을 바꿔야 하냐면, 바로 당신이 쓰는 말을 바꾸셔야 합니다. 당신의 말은 당신 귀로 들어가서 내면에 심어지기 때문입니다.

자기 자신을 믿는 이유에 대해서 여러분에게 설명을 해드리고 싶어요. 여러분이 자기 자신을 믿는 것과 믿지 않는 것, 둘 다 진실입니다. 그리고 답이 없습니다. 여러분이 자기 자신을 믿는 것도 맞고, 여러분이 자기 자신을 믿지 않는 것도 맞습니다. 이것은 본인의 선택의 영역이기 때문에 그렇습니다. 그럼 저는, '나 자신을 못 믿고 나 자신을 저주하고, 나 자신을 괴롭히고 학대하는 것보다, 차라리 나 자신을 믿고, 내 미래는 바뀔 거'라고 말해주고, '나는 가치 있는 사람'이라고 저 자신에게 말해주고 싶어요. 왜냐하면 이 두 이야기는 다 제가 꾸민 이야기이기 때문에 그렇습니다.

"마크 최님, 무슨 말이에요? 도대체 뭐를 꾸몄다는 거죠?"
다 여러분이 입혀진 대로 이야기하고 있는 겁니다. 여러분이 가치 없다고 하는 것도 여러분이 만든 이야기이고, 제가 저 스스로를 가치 있다고 하는 것도 내가 만든 이야기입니다. 하지만 제가 저 스스로를 가치 있다고 말하는 이유를 제 안에서 찾는다면, 답은 이렇습니다. 여러분도 제 이야기에 설득된다면 제 이야기를 가져가서 본인의 이야기로 만들면 됩니다.

저는 이 세상에 하나밖에 없는 존재이고, 저는 개인적으로 크리스천이다 보니까 하나님이 저를 이 땅에 만드신 이유가 있을 거라고 봅니다. 그리고 크리스천이 아닌 분들은 이 우주의 기운을 통해서 여러분이 이 땅에 태어난 건 우연이 아니라는 거예요. 여러분 각각이 에너지를 통해서 만들어졌기 때문입니다. 그만큼 하나밖에 없는 존재이기 때문에 우리는 가치가 있습니다. 그리고 우리가 우리 안에 뿌리가 있기 때문에 이것을 우리가 만들어갈 수 있습니다.

그렇다면 이제 나 자신을 더 믿고 싶고, 더 사랑하고 싶고, 더 아껴 주고 싶다면 어디로 가야 될까요? 바로 여러분의 과거로 가야 됩니다. 자신을 믿고 사랑하라고 하더니 갑자기 과거 이야기가 왜 나오죠? 라고 생각하는 분들이 많을 거라고 생각됩니다. 여러분의 과거 안에서 여러분 자신을 사랑하지 못하는 순간이 있었을 것이고, 과거 안에서 여러분을 받아들이지 못하는 그 날이 있었을 겁니다. 그리고 여러분의 선택을 통해 실패한 자아상(自我像)이 만들어졌을 수도 있고, 여러분의 과거를 토대로 오늘 하루를 살고 있는 겁니다. 그렇기 때문에 과거로 돌아가서 과거가 과거의 나에게 어떤 의미였는지를 내가 과거와 만나서 해결을 해야 됩니다.

'괜찮아, 잘했어. 너를 그대로 인정해. 용서했어. 이해해. 다 괜찮아. 과거를 토대로 내가 다른 인생을 살 것이다. 경험을 통해서 배웠다' 등, 과거에 대한 자신의 부정적인 해석들이 하나둘씩 긍정적인 해석들로 바뀐다면, 자기 자신에 대한 믿음은 조금씩 올라갈 수 있습니다. 이것은 자신의 내면과 믿음을 줄 수 있는 큰 팁입니다.

우리는 이제 이런 것을 생각할 수 있습니다. 위에서 나란 사람이 보고 듣고 깨달은 것들로 프로그램이 만들어졌다고 말했었죠. 어떤 사람은 많고 어떤 사람은 적고라고 말하는 것처럼 비단 이 물뿐만 아니라 사랑에서도 '나는 사랑을 못 해. 내 인생은 비참해. 내 인생은 잘되는 일이 없어, 사람은 믿을 만한 게 못 돼' 등, 이 모든 것들이 이미 여러분 마음 안에 있는 프로그램 때문에 그렇다는 겁니다.

그럼 프로그램이 어떻게 만들어질까요? 제가 계속 이야기했죠. 본인이 보고 본인이 듣고 본인이 감정적으로 경험한 걸 토대로 여러분 마음에 프로그램이 만들어집니다. 다시 같이 따라해 볼까요?
'보고 듣고 내가 경험한 걸 토대로 만들어진다.'
한번 지난날들을 떠올려보세요. '나는 과연 무엇을 봤지? 무엇을 들었지? 어떤 경험을 했지?' 그것이 여러분 마음 안에 뿌리를 내리고 있는 겁니다. 그것을 토대로 여러분이 사랑하는 사람도 바라보고, 자신의 미래도 바라보고, 재정 상태를 바라보게 되는 겁니다.

여러분이 원하든 원하지 않든 이미 그 프로그램대로 여러분의 인생을 살아가고 있습니다. 이것이 얼마나 무서운 말이냐면, 여러분이 이것들에 대해서 인식하지 않는 이상, 하루를 거의 85%를 다람쥐 쳇바퀴 돌듯 살아가게 되어 있습니다. 저를 통해서 이런 것들을 깨닫고 혹은 커리큘럼을 통해서 배우고, 멘토를 통해서 자기계발을 하고 있는 분들은 이 원리를 알고 있겠죠?

당신은 보고 듣고 경험한 것으로 만들어집니다. 자신의 내면을 바꾸려면 보고 듣고 경험한 걸 바꿔야 돼요. 한 가지 팁을 더 드린다면 여러분한테 묻고 싶어요. 여러분, 지금 무엇을 보고 계십니까? 무엇을 듣고 계십니까? 무슨 경험을 하고 계십니까? 뿌리를 바꾸려면 먼저 말을 바꿔야 합니다.

"나는 내 인생을 바꿀 것이고, 나는 내가 원하는 것으로 변할 거야."

내가 나 자신에게 해주는 말이 굉장히 중요한데, 본인이 무슨 말을 하고 있는지 잘 모르는 분들이 많기 때문에 꼭 적어서 확언으로 해줄 이야기를 만들어보세요. 그것은 여러분 내면에 입혀질 것이니까요. 그래서 여러분을 끌어 줄 멘토가 필요한 겁니다.

여러분을 끌어 주고 좋은 이야기를 해줄 수 있는 사람이면 더 좋겠지만, 사람이 없다면 책과 영상들을 찾아보세요. 제가 자주 하는 말이 있죠. 우리는 오늘보다 더 성장할 수 있고, 행복할 수 있다고요. 오늘부터 여러분이 무엇을 보고 듣고 경험을 할지 만들어보세요. 여러분의 내면의 프로그램들이 바뀔 거예요.

사고가 감정을, 감정이 행동을 만들기 때문입니다. 당신이 느끼는 생각과 감정들이 모두 내면으로부터 지금 이 순간에도 나오기 때문입니다. 그래서 사람은 같은 경험을 하더라도 사고에 의해 저마다 다른 감정과 경험을 하게 됩니다.

감정의 주인은 자기 자신입니다. 여러분은 감정을 무엇이라 생각하시나요? 어떤 분들은 자신에게 두려움이 오거나 외로움이 오는 것을 무서워합니다. 감정은 어떤 사고 안에서 만들어진 것입니다. 그리고 감정이 느껴지는 것을 우리가 어떻게 막을 수 없습니다. 감정은 본능이기 때문에 이 감정을 우리가 느끼지 않을 수 없습니다. 인간의 3대 본성인 식욕, 수면욕, 배설욕처럼 사람이라면 누구나 느끼는 것입니다.

여러분이 어떤 특별한 감정이 드는 것을 힘들어 한다면 이미 그것은 어떤 행동으로 만들어졌을 가능성이 큽니다. 예를 들면 항상 외로울 때마다 친구를 만나고 새로운 이성친구를 사귄다는 것은 그 감정을 무시 혹은 회피하며 지나친다는 것이겠죠.

사실 감정이 왜 사람의 인생을 힘들게 만드느냐 하면, 감정을 무시하고 어떻게 대처해야 하는지 감정과 마주하지 않고 넘겨왔기 때문입니다. 이별 후에 항상 힘든 이유도 이 감정을 본인이 의식적으로 바라보고 어떤 행동을 의식적으로 바꾸는 과정을 했다면, 그 감정이 무섭거나 두렵지 않았을 겁니다.

여러분, 한 달 전에 힘들었던 그 감정이 지금도 생각이 나세요? 아니면 여러분의 인생에서 가장 힘들었을 때 감정이 그때처럼 지금 여러분을 힘들게 하나요? 적어도 그 상황만큼은 아닐 겁니다.

감정의 주인은 당신입니다. 여러분이 느끼는 감정은 여러분이 만들기 때문에 부정적인 감정이 들 때 또는 그것을 행동으로 옮기지 않으면 혹은 여러분이 그런 감정이 들 때 여러분이 원하는 행동을 의식적으로 한다면 그 감정은 조금씩 조절될 겁니다.

예를 들어, 운동을 가기 싫은 감정이 들 때도 의식적으로 운동을 가게 되면 앞으로 짜증나고 귀찮은 감정이 올 때 귀찮지 않게 될 것입니다. 또한 배고프거나 우울한 감정이 들 때 먹지 않고 의식적으로 단식을 하는 다른 행동을 한다면 그 감정이 조절이 되는 것처럼 말이죠.

여러분이 무서워하거나 불편해 하는 감정은 살아오면서 그만큼 마주하지 않고 피해온 감정입니다.

의식적인 행동은 감정을 컨트롤할 수 있게 됩니다. 여러분이 아침에 운동하고 수영하고, 저녁 때 웨이트를 해요. 이렇게 1년 동안 하루에 4시간씩 운동을 했다고 생각해봅시다. 여러분, 어떤 마음이 들까요? 하루에 4시간씩 책을 보고, 습관을 바꿔서 자기계발서를 읽고 계획을 세워서 열심히 1년을 살았어요. 그럼 여러분, 어떤 마음이 들까요? 왜 습관이 중요한 건지 처음부터 가볼게요.

여러분이 아침저녁으로 운동을 했잖아요? "와, 나는 나를 관리를 철저하게 하는 완벽한 사람이야. 난 정말 관리가 탁월해"라는 생각이 들겠죠. 자기계발을 하고 책을 하루에 4시간씩 보면, "나는 내 미래를 설계하는 사람이야"라는 마음이 생겨요.

그렇다면 여러분은 왜 어떤 것들에 대한 믿음이 없는지 답이 나오지 않나요? 여러분이 어떤 것도 행동으로 옮기지 않았기 때문입니다. 그렇기 때문에 삶을 바꿀 수 없는 겁니다.

본인이 가치 없다고 말하는 이유도 이 안에 있습니다. 본인이 어려운 순간들이 올 때마다 행동으로 옮기는 게 하나도 없기 때문입니다. 제가 제 자신을 가치 있다고 말하는 것도 저의 내면을 바꾸고, 제가 어려운 순간들마다 이겨냈고 싸웠고 행동으로 옮겼기 때문에, 저 스스로 가치 있다고 말할 수 있는 거예요.

여러분, 행동을 바꿔야 됩니다. 그리고 실행으로 옮겨서 습관으로 만드는 것이 여러분의 삶을 바꾸는 가장 탁월한 방법이라고 말씀드리고 싶습니다.

당신의 사고가 인생의 열매를 만듭니다. 많은 분들이 자신의 삶을 바꾸고 싶고, 더 멋지게 살고 싶으실 거예요. 나이를 불문하고 모든 연령층에서 본인이 다른 인생을 살고 싶고 다른 것들에 도전하고 싶지만, 가진 재산도 없고, 학력도 떨어지고, 주위 사람들도 다 안 된다고 말하는 상황에 놓인 분들이 위로를 받았으면 좋겠습니다.

우리는 한 사람으로서 세상을 살지 않습니까? 그런데 삶은 법칙이라는 게 있습니다. 어떤 법칙에 따라 살아야 되냐면, 종교적인 이야기가 아닙니다. 바로 자연의 법칙에 따라서 우리는 살 수밖에 없습니다. 자연의 법칙은 사계절이 계속 돌아오고, 씨앗을 심으면 열매를 거둔다는 인생의 기본적인 자연의 법칙입니다.

그렇다면 우리는 무엇부터 해야 될까요? 개인적으로 비유를 할 때 씨앗이야기를 굉장히 많이 해요. 본인이 환경에서 진짜 삶을 바꾸고 싶다는 분명한 목적의식과 그것들을 통해서 본인의 삶에 씨앗을 심으라는 거예요. 이렇게 이야기할 때 도대체 무엇을 심으라는 건지 모르겠다고 말한다면, "본인의 시간"을 심으라는 겁니다. 본인의 열정을 심는 겁니다. 본인이 하고 싶어 하는 분야에 대해 시간 속에서 공부하는 것들을 심거나 혹은 본인에게 주어진 것들 안에서 배움을 심는 겁니다.

많은 사람들이 계획을 세울 때 한꺼번에 많은 것을 심으려고 하거나 한 번에 나무가 되기를 바랍니다. 씨앗을 심자마자 열매를 원한다는 거예요. 저도 20대가 있었고, 30대가 있었고, 많은 시간들이 있었습니다. 제가 만난 무수히 많은 사람들도 심는 날이 있었습니다.

그런데 더 중요한 것은, 이 자연의 법칙은 씨앗을 심고, 시간 속에서 관리를 잘했을 때에만 열매를 거둘 수 있습니다. 본인이 시간을 심고, 원하는 삶이 분명하게 있을 때 필요한 것과 작은 거 하나라도 심어야만, 이게 자라서 싹을 틔우고 나무가 되어 열매를 거둘 수 있습니다. 그런데 아무것도 심지 않고, 아무것도 행동하지 않으면서 나무를 바랄 수는 없죠. 특별히 새해가 되면 많은 사람들이 이 씨앗을 심습니다.

"나, 이것도 해볼 거야. 저것도 해봐야지." 하지만 사람들은 자연의 법칙을 잊는 것 같습니다. 행동으로 옮기고, 시간 속에서 이 씨앗을 잘 관리하지 않으면 참새가 와서 쪼아가거나 씨앗이 제대로 자라지 못해 썩을 수도 있습니다. 자기 자신이 씨앗을 심은 농부이기 때문에 이 씨앗을 계속 가꿔 줘야 합니다.

씨앗이 나무가 돼서 열매를 거두려면 시간을 쓰고 애정을 가지고 가꿔 줘야 합니다. 그런데 이 농부가 배가 고파서 심어놓은 것을 다시 파서 먹어서 남은 게 아무것도 없거나, 먹지 않더라도 심어놓으면 무언가 이루어질 거라고 착각해서 시간과 열정을 투자하지 않는 거죠.

더욱 본질적인 것은 이 씨앗이 진짜 나무가 될 수 있을지 확신이 없다는 거예요. 그렇지만 진짜 나무가 되는 걸 믿는 사람은 이 씨앗에 애정을 들이는 겁니다.

마음은 있지만 "저는 돈이 없어요"라는 분들, 괜찮습니다. 본인에게 주어진 것들 안에서 본인은 자신의 삶을 바꿀 것이고, 목표를 이룬다는 마음을 먹고 본인의 시간과 노력과 열정과 배움을 심으면 이 안에서 싹이 나는 걸 보게 될 겁니다.

주위에서 "너는 안 돼. 너는 뭐든 할 수 있는 게 없어"라고 말했지만, 본인도 씨앗을 심고 나무가 되기를 바랐던 거예요. 하지만 그것은 자연의 법칙을 거스르는 일입니다. 심자마자 배고파서 그 씨앗을 먹었던 겁니다. 혹은 본인이 심을 때 부정적인 것들을 심고, "내 인생은 뭐 같아, 내 인생은 희망이 없어. 난 아무것도 할 수 없어"라는 것들을 심어놓고, 여기에서 멋진 것들을 상상하죠.

여러분, 냉정하게 이야기하면 그런 일은 없습니다. 자연의 법칙은 감을 심으면 감이 나고, 사과를 심으면 사과가 나게 되어 있는 거예요. 감나무에서 사과가 열리지 않습니다. 여러분이 부정적인 말은 심었으면 그것에 맞는 열매를 가져가는 게 여러분의 삶 속의 법칙입니다.

심을 수 없는 건 없습니다. 죽기살기로 내 삶을 바꾸고 싶은 사람들은 하나라도 심고 잘 관리해 나가기 시작합니다. 그 사람들을 바라보면 눈빛부터 달라요. 쓰는 말들이 달라요. 간절하기 때문에 절대 포기하지 않아요.

자연의 법칙을 믿으세요. 제 말을 여러분이 믿거나 아니면 믿지 않더라도 심은 대로 거두게 되어 있습니다. 이것을 여러분이 정말 깨닫고, 여러분만의 씨앗을 심어서 시간을 두고 가꾼다면 많은 열매를 맺을 수 있다고 저는 확신합니다. 여러분 자신과 자연의 법칙을 믿으세요.

사람은 무엇으로 변하는가

사람이 변하려면 꼭 알아야 될 게 있습니다.

첫 번째, 자기 자신이 누구인지에 대해서 알아야 합니다.

"이게 무슨 소리야? 내가 나를 모르면 누가 알아?"라고 생각할 수도 있지만, 본인이 누군지에 대해서 알지 못한다면 변화는 시작조차 할 수 없습니다. 본인이 누군지를 알기 위해 어디에서 시작해야 할까요. 저는 우리가 이 땅에 왜 태어났는지, 절대 우연이 아니라고 생각합니다. 저는 종교를 말하고 싶은 게 아닙니다.

개인적으로 저는 크리스천이지만, 하나님을 말하는 것이 아닙니다. 저마다 믿는 신이 있을 겁니다. 부처님이 되었든 자연이 되었든 신이 없다고 생각하든 상관없이, 모든 사람에게 말하고 싶은 것은 "사람은 가치가 있다"라는 겁니다. 사람에게만 무엇을 줬는지에 대해서 우리가 생각을 해봐야 한다는 겁니다. 우리가 왜 사람일까? 지나치게 심오할 수도 있지만, 거기서부터 변화가 시작된다고 생각합니다.

우리가 강아지를 데리고 바깥에 나가면 나무들이 있습니다. 그런데 이 동물과 식물과 사람은 과연 무엇이 다를까, 생각해본 적이 있나요?

왜 사람일까? 신이 있거나 혹은 보이지 않는 자연과 우주의 기운 모두 상관없습니다. 여러분이 믿는 것들이 우리에게 유일하게 준 것이 있습니다. 그것은 우리가 자신의 내면을 바꿈으로써 유일하게 다른 인생을 살 수 있게 만들어졌다는 겁니다.

인간만이 본능이 아닌, 자신의 내면을 바꿈으로써 다른 인생을 살 수 있습니다. 저의 20대와 저의 30대는 너무나 다릅니다. 저를 만난 사람과 안 만난 사람, 그중에 삶을 바꾼 사람들도 너무나 많습니다. 여러분의 10대, 20대, 30대, 40대, 50대, 60대, 70대, 80대를 한번 지켜보세요.

내면을 통해서 삶을 바꾸신 분이라면 다른 인생을 살고 계실 거예요. 이것이 저와 여러분에게 선물입니다. 자신의 내면을 바꿔서 다른 인생을 살 수 있는 걸 모르기 때문에 자신에 대한 믿음이 없는 겁니다.

여러분이 원하든 원하지 않든 내면을 통해서 우리는 다른 인생을 살 수 있습니다. 여기서 중요한 이야기를 또 안 할 수가 없죠? 여러분의 내면에 본인이 어떤 미래를 정말 원하는지를 알아야 삶을 바꿀 수 있다는 겁니다.

두 번째, 자기 자신이 원하는 것들을 알아야 합니다.

본인이 진짜 무엇을 원하는지를 모르는 분들이 굉장히 많습니다. 그냥 하루하루 다람쥐 쳇바퀴 돌듯 살아갑니다. 그러니 변화될 수도 없을뿐더러 무엇을 바꿔야 하는지도 모르는 겁니다. 왜냐하면 여러분이 변화를 일으키려고 하는 것은 본인이 간절히 원하는 것들에 의해서 반응하기 때문입니다.

저는 그것을 비전이라고 말합니다. 비전이라고 하면 되게 거창하고 대단해야 될 거 같다고 생각하는데, 아닙니다.

'나는 1000만 원을 모으고 싶다, 나는 집을 사고 싶다, 나는 이런 성품의 사람이 되고 싶다, 나는 감정 기복이 없고 싶다' 등, 여러 가지 원하는 것들이 없다면 여러분은 변할 수 없습니다.

세 번째, 자기수양을 알아야 합니다.

이게 제일 중요한데요. "마크 최님, 이제 저는 제가 누군지도 알고, 저의 내면에서 삶을 바꾸는 거 믿을게요, 알겠어요. 그리고 제가 원하는 게 있어요. 저는 해마다 원하는 것들이 있었는데 왜 안 된 거죠"라고 생각하는 분들에게 드리고 싶은 말입니다.

자기수양을 안 하기 때문이라고 말하고 싶어요. 자기 훈련이라고 쉬운 말로 풀어드릴 수 있을 것 같은데요. 원하는 것들이 있지만 자기 통제력이 없는 거예요. 앞에서 말했듯이, 무엇이 되고 싶고, 무엇을 원하고 등이 있었잖아요? 그것들에 대해서 배우고 훈련해야 됩니다.

식스팩 갖고 싶어요, 하는 사람이 실제 운동을 하지 않고 먹고 싶은 삼겹살의 유혹과 햄버거의 유혹으로부터 벗어나 훈련하지 않는다면 이런 것들은 일어날 수 없는 겁니다. 본인 혼자 하기 어렵기 때문에 피트니트센터에 가는 것이고, 또 PT 선생님이 있는 거예요.

감정기복이 심한 사람도 마찬가지입니다. 우울한 사람은 상담사를 만나거나 의사를 만나고, 누군가의 도움을 받고 훈련을 해야 되는 거죠.

그렇기 때문에 자기 훈련이라는 것을 꼭 생각해야 됩니다. 훈련이라는 건, 시간 속에서 반복되는 과정에서 본인이 이런 것들을 한 번, 두 번, 세 번

행동으로 옮길 때만 훈련효과가 나는 겁니다. 백날 머리로만 생각한다고 해서 훈련이 되는 게 아니에요.

김연아 선수가 올림픽 나가서 금메달을 따기 전까지 아이스링크에서 얼마나 많이 넘어졌겠습니까? 자신을 수양하는 거 없이, '나는 변할 수 있어요' 라고 말하는 것은 '나는 머리로만 생각해도 이루어질 거야' 라고 말하는 것과 똑같습니다.

그리고 더 중요한 것은 한두 번 해 보고 안 된다는 분들, 여러분 자전거 겨우 한 번 탈 수 있다고 해서 갑자기 두 손 놓고 탈 수 있습니까? 감정기복이 있으면 그 감정과 마주하거나 싸워본 적이 있습니까? 한 번도 없거나 한두 번 해본 것으로 어떻게 변했다고 할 수 있습니까?

쉽게 설명하면, 제가 어떤 분을 상담할 때 했던 말인데요. 어떤 사람이 자기 자신에 대한 자존감이 낮고, 본인이 어떤 사람인지도 모르고 자신감이 없었어요. 그러니 본인이 누구인지에 대해서 알아야 한다는 첫 번째에 부적합한 거겠죠? 본인에게 인생의 주인이라는 생각도 없으니까 본인의 인생을 마치 다른 사람이 주인인 것처럼 누구를 위해 희생하고, 누구를 만날 때 주눅 들고, 다른 사람의 말에 상처받은 겁니다.

첫 번째를 예로 들면, 다른 사람이 본인한테 어떤 말을 해주느냐, 본인을 끌어 주느냐에 따라서 본인의 인생이 변하는 거예요. 그렇기 때문에 본인의 인생이 혼란스러워지는 겁니다. 첫 번째가 해결이 안 되니까 두 번째인, 본인이 무엇을 원하는지도 몰라요. 오늘은 이랬다가 내일은 저랬다가, 모레는 저랬다가 힘들면 포기했다가 또 갑자기 그 마음이 올라오면 그랬다가, 계속 이런 일을 반복하는 겁니다.

본인이 원하는 것들, 어떤 삶을 살고 싶고, 본인이 더 이상 이런 삶을 살기 싫다는 여러 가지 마음의 결단과 명확한 목표가 없는 겁니다. 이것들을 꼭 세워야 됩니다.

첫 번째와 두 번째에 대한 확실한 답이 없는데 어떻게 무엇을 수련할까요? 배우려는 생각은 들까요? 생각은 들 수 있겠죠. 하지만 첫 번째와 두 번째가 해결이 안 되면 절대로 자기 자기를 훈련시킬 수 없습니다. 저는 장담할 수 있어요.

여러분, 배우고 훈련해야 됩니다. 그렇게 하다보면 시간 속에서 본인이 변해 있는 거예요. 이 원리 안에서 벗어나지 않습니다.

다시 한 번 정리하면, 첫 번째는 자기 자신이 누군지 아는 것입니다. 본인이 가치 있는 사람이구나, 내가 내 인생의 주인이고, 나의 내면을 바꾸면 다른 인생을 살 수 있다는 믿음을 가져야 합니다.

두 번째는 자기 자신이 원하는 것을 알아야 합니다. 비전이라고 해서 거창한 것이 아니라 본인이 원하는 재정, 차, 집, 원하는 몸매, 성격 등, 여러 가지 면에서 본인이 원하는 것을 찾아야 합니다.

세 번째는 자기 수양입니다. 원하는 것을 알았다면 자기 훈련을 통해서 본인이 원하는 부분에 대해 배우고 그것을 훈련해나가면서 바꿔야 합니다.

02

자신을 변화시키는 마법

자신을 변화시키는 마법이라는 내용들로 여러분과 소통을 나눠보도록 하겠습니다. 많은 분들께서 자주 묻는 질문과 주된 상담 내용이, 첫 번째는 '제가 제 마음과 생각을 모르겠어요', '제 삶을 어떻게 해야 바꿀 수 있을까요'라는 질문이고, 두 번째는 '제가 사랑하는 사람을 변화시키고 싶은데 어떻게 하면 좋을까요'라는 질문입니다.

지금 이 책을 읽으시는 분들 중에서도 이런 생각을 한 번쯤 해봤다면 저의 솔루션이 도움이 될 수 있지 않을까 조심스럽게 생각을 해봅니다.

사람마다 각자 인생의 가치관이라는 게 있습니다. 여러분도 본인의 가치관이 있을 겁니다. 저는 개인적으로 "심은 대로 거둔다"라는 말을 굉장히 좋아합니다. 이 표현에는 말 그대로의 뜻도 있지만, 이 말을 마음과 밭으로 비유하면 각자 마음이라는 밭에 어떤 씨앗을 심느냐에 따라 저마다 서로 다른 열매를 거둔다는 이야기입니다.

좀 더 나아가, 지금 이 책을 보시는 분들의 삶이 과거의 어떤 것들을 심었는지에 따라서 지금의 열매들을 거두고 있다고 말씀드릴 수 있습니다. 어떤 사람들은 지금의 삶에 만족하며 행복하게 살고 있고, 또 어떤 분들은 지금 본인의 삶에 만족하지 못하고 있을 겁니다.

다 괜찮습니다. 이 책을 통해서 여러분이 지금보다 더 나은 삶을 살았으면 좋겠다는 마음으로 제가 이렇게 글을 쓰고 있습니다. 삶을 본인이 원하는 대로 바꾸려면 저는 크게 세 가지가 필요하다고 말씀드리고 싶습니다.

첫 번째, '자기 자신과 만나는 시간을 가져라.'
두 번째, '구체적인 계획을 세워라.'
세 번째, '대가지불을 해라.'

첫 번째 '자기 자신과의 만나는 시간을 가져라'의 경우에, 많은 분들은 본인의 삶을 바꾸고 싶어 할 때 각자 목표를 정합니다. 여러분도 2021년 여러 가지 목표들을 정했을 것입니다. 저는 계획했던 목표들을 나름 잘 지켜나가고 있는 것 같습니다. 여러분은 잘 지키고 계시나요?

많은 사람들이 목표를 정해서 삶을 바꾸고 싶어 하지만 계획대로 안 되는 이유는 자기 자신의 동의를 구하지 않았기 때문이라고 저는 말씀드리고 싶습니다. '이게 무슨 말이야? 내가 정했는데 당연히 동의를 구한 것 아니냐' 라고 생각하실 수 있습니다.

목표를 정할 때 이 목표에 대해서 '내가 왜 해야 하지'라고 깊이 있게 생각하지 않고, 매해 매월 상황이나 주변 사람들에 휩쓸려 정하는 사람이 의외로 많습니다. 그렇기 때문에 제일 먼저 여러분의 마음에 밭을 가꾸기를 바랍니다. 밭이 좋아야 목표라는 씨앗을 심을 때 결과가 좋게 나타나기 마련입니다. 그렇기 때문에 자기 자신과 만나는 시간을 가져야 본인이 정말 원하는 대로 동기부여가 일어나고 그래야 가장 중요한 첫 번째 시작인 좋은 밭을 만들 수 있습니다. 이렇게 첫 번째가 이루어지면 두 번째로 넘어갈 수 있습니다.

두 번째는 '구체적인 계획을 세워라'입니다. 이해하기 쉽게 다이어트로 예를 들어보겠습니다. 다이어트라는 목표를 정했다면 많은 사람들이 제일 먼저 '나는 먹지 않을 거야. 운동할 거야'라고 하기 때문에 다이어트에 실패하는 것입니다.

구체적인 계획이라는 것은 '나는 운동을 몇 번 할 것이고, 몇 시부터 몇 시까지 운동을 할 거야', '나는 아침을 어떤 종류로 이 시간에 먹을 거야'처럼 구체적인 계획들을 짜는 것입니다. 그래야만 목표를 이룰 수 있습니다.

저는 심리상담사이지만, 연애 코칭도 같이 해주다 보니 연애 쪽으로 예를 들어보겠습니다. 여러분이 사랑하는 사람과 이별을 한 후에 재회할 때면 '나는 어떻게 행동할 거야'라고 구체적으로 정해야 합니다. '나는 상대방이 원하는 행동을 할 거야.' '싫어하는 행동을 하지 말아야지.' 혹은 '그냥 좋은 사람이 될 거야'라고 정하셨다면 삶의 변화가 일어나기 어렵습니다.

구체적으로 본인이 저녁 때마다 짜증을 냈다면 '이제는 짜증을 내지 않을 거야', '아침마다 이 사람한테 전화해서 사랑한다고 말해줄 거야' 등, 계획이 구체적일수록 본인의 삶을 바꿀 수 있습니다.

세 번째는 굉장히 중요한 부분인 대가지불입니다. 여러분이 지금까지 삶을 바꾸지 못했거나 계획대로 도달하지 못했다면, 정말 대가지불을 할 마음이 있는지 돌아볼 필요성이 있습니다. 많은 사람들이 목표를 세웁니다. 하지만 대가지불까지 나아가지 못합니다. 본인이 원하는 것들을 위해서 무언가를 포기해야 하기 때문입니다.

예를 들면 다이어트를 하려면 맛있는 삼겹살과 라면을 포기해야 된다는 것과 같은 의미입니다. 또한 본인이 사랑하는 사람을 위해서 본인의 자존심을 내려놓아야 하는 경우도 같은 의미입니다. 이처럼 여러분이 원하는 삶으로 나아가려면 틀림없이 과정 속에서 대가지불이라는 게 꼭 필요합니다.

다시 정리해 드리겠습니다.

첫 번째, '자기 자신과 만나는 시간을 가져라.'

주변에 사람이나 상황에 의해서가 아니라 본인이 진정으로 원하는 동기부여가 일어나야 좋은 밭을 만드는 시작입니다.

두 번째, '구체적인 계획을 세워라.'

좋은 밭을 만들었다면 어떤 씨앗을 심을지, 어떻게 해야 잘 키울 수 있을지 구체적인 계획을 세우는 것입니다.

세 번째, '대가지불을 해라.'

마지막으로 좋은 밭에 씨앗을 심었다면 수확을 위해 잘 가꾸고 기다리는 시간이 필요합니다. 여러분이 정말 다른 삶을 살고 싶고 지금보다 더 나은 삶을 원한다면 지금과 같아선 바꿀 수 없습니다.

이 세 가지를 기억하고 실천으로 옮긴다면 여러분의 삶이 지금보다 조금 더 원하는 모습으로 바뀌지 않을까 생각해봅니다. 현실에 치우쳐 있지 않았으면 좋겠습니다. 여러분은 각자 세상에 단 하나뿐인 소중한 존재입니다. 지금보다 더 행복한 삶을 살면 좋겠습니다.

자신을 믿는 것 이상의 것을 줄 수 없다

　자기 자신을 알아야 한다라거나 자기 자신을 믿어야 한다라고 많은 분들이 이야기하면, 대개 믿는다는 의미와 자기 자신이 누구인지 알아야 한다는 말이 무슨 뜻인지 모르겠다고 얘기합니다. 여기서 먼저 제일 중요한, 자기 자신이 누구인지를 왜 알아야 하는지에 대해서 이야기를 드리고 싶습니다. 저는 상담하면서 특히 연애와 관련된 상담을 할 때 다음과 같이 질문을 합니다.

　"자기 자신에 대해서 얼마나 아나요? 본인을 사랑하나요?"
　그 다음 제일 많이 하는 질문이, "저한테 10억 원을 줄 수 있나요"입니다. 그렇게 질문하면 대부분의 사람들은 아니라고 대답하죠. '믿음이 없다'거나 '그만큼 줄 이유가 없다'는 등의 다양한 대답을 내놓지만 사실은 10억 원이 없기 때문입니다.
　제가 돈을 원해서 질문을 한 걸까요? 이 질문의 의도는 다른 사람과 사랑을 시작할 때 본인이 가지고 있는 이상의 것을 줄 수 없고 본인이 자기 자신을 믿는 것 이상으로 다른 사람을 믿을 수 없다는 것을 알려주는 데 있습니다. 이때 가장 중요한 건 본인이 자기 자신을 사랑해야만 다른 사람과 사랑이 깊어질 수 있고 성장의 단계까지 나아갈 수 있다는 것입니다. 제게 상담하는 분들 중에는 특히 자격지심이 있는 분들이 굉장히 많습니다. 그리고 과거의 상처들로 인해서 마음이 닫힌 분들도 꽤 많습니다.

그분들에게 저는 항상 같은 말을 합니다. '당신은 가치 있는 사람이고, 당신은 소중한 사람'이라고요. 하지만 그분들에겐 저의 말은 터무니없는 소리처럼 들릴 것이고 마음에 새기지 않아요. 왜냐하면 본인이 겪은 과거의 경험을 토대로 자신을 바라보기 때문입니다.

저는 그분들에게 쉽게 이해를 돕기 위해서 설명할 때 보석으로 비유를 많이 합니다. 여러분, 보석이 왜 귀할까요? 특히 보석 중에서도 다이아몬드가 왜 귀하고 비쌀까요? 그 이유는 아시다시피 세상에 별로 없기 때문입니다. 여러분은 누군가의 사랑의 결실로 혹은 좋지 않은 의미의 불같은 사랑 등, 여러 가지 이유들로 이 땅에 태어났을 겁니다.

수십 수백억분의 일의 확률로 태어난 것 자체만으로 의미 있다는 겁니다. 이렇게 이야기를 하면 부정적 측면으로 태어난 사람들과 혹은 불우한 가정환경에서 태어났다는 이유 때문에 그렇지 않다고 얘기하시는 분들이 계실 수도 있어요. 그렇죠. 그렇게 이야기해도 이해합니다.
하지만 반대로 생각해보는 것이 어떨까요? 세상에 여러분과 똑같은 얼굴과 똑같은 생각과 똑같은 자아를 가지고 있는 사람은 이 책을 보고 있는 당신 단 한 명밖에 없다는 거죠.

그렇기 때문에 여러분이 보석보다 더 귀중한 존재라고 말할 수 있는 겁니다. 보석은 존재로도 그 가치가 있습니다. 하지만 여러분에게는 존재 이상의 무궁무진한 잠재력이 있습니다. 본인이 가지고 있는 잠재력을 모르고 있을 뿐, 저는 한 사람 한 사람에게 자기만의 잠재력이 있다고 믿습니다. 그리고 그렇게 바라보며 사람을 만나고 있습니다.

그렇기 때문에 여러분이 자기 자신에게 "나는 가치가 있어. 나는 가치 없어"라고 말하지 않아도, 또 주위 사람들이 "너는 왜 그 모양이니. 너는 쓸모없는 사람이야"라고 말할지라도 이미 여러분은 가치 있는 사람입니다. 호랑이 새끼한테, "너는 강아지야, 강아지"라고 수많은 사람들과 동물들이 이야기를 해도 호랑이 새끼는 호랑이 그 자체이기 때문입니다.

우리는 사람이지 않습니까? 주위 사람들이 "너는 못 할 거야. 가만히 있으면 안 되겠니? 꿈 깨라"라고 수없이 말해도 "나는 그렇지 않은 사람이다. 나는 세상에 단 하나뿐인 존재만으로도 가치 있는 사람이다"라고 여러분이 자기 자신에게 말해주고 알아야 한다는 겁니다.

본인을 믿을 수 있고, 본인이 얼마나 가치 있는 사람인지 알아야 합니다. 허울뿐인 말이 아니라 진정으로 깨달을 때 자기 자신을 믿는 단계로 나아갈 수 있습니다.

그렇기 때문에 저는 사람들에게 항상 질문합니다.
"당신은 누구인가요?"
"당신은 당신 자신을 어떻게 생각하나요?"

자기 자신부터 시작해야 사랑과 인간관계, 자기계발로 모든 것들이 이어지게 됩니다. 본인이 자기 자신을 가치 없다고 생각하고 믿지 못한다면 누구를 믿을 수 있을까요? 설령 타인을 믿는다고 하더라도 그 믿음이

100%짜리 믿음일까요?

자기 자신이 누구인지에 대해서 모르겠다면 시간을 내서 자기 자신과 대화를 통해서 꼭 물어봐야 합니다. 안 해본 분들은 처음이라 이상하거나 낯설게 느껴질 수 있습니다. 하지만 자기 자신을 아는 일은 정말 중요합니다. 자기 자신과의 대화를 통해서 본인이 실제로 가치 있는 사람인 것을 본인이 깨닫고 스스로 설득이 돼야만 본인을 믿을 수 있고, 그 믿음을 통해 성숙한 사랑의 단계까지 나아갈 수 있습니다.

당신은 어떻게 사고하나요

자기 자신이 어떤 사람인지 이해하고 사고하는지가 굉장히 중요합니다. 본인의 인생과 비전, 생활습관, 인간관계 등이 모든 것에 걸쳐 있기 때문입니다. 이것의 핵심은 자기 자신이 어떻게 사고하고 있는지가 중요하다는 것입니다.

대부분의 사람들은 본인이 실제로 지금 어떤 식으로 사고하고 있는지, 본인의 사고가 행동으로 어떻게 옮겨지는지를 모르고 있습니다. 사고 자체를 습관적으로 하기 때문에 깊이 있게 들여다보지 않는 것입니다. 그래서 본인이 얼마나 부정적인 생각들을 많이 하는지 모르시는 분들이 굉장히 많이 있습니다.

제가 요즘에 많이 느끼는 것이 있습니다. (저는 개인적으로 정치 이야기를 하는 것을 좋아하지 않습니다.) 특히 나이가 많으신 70, 80대 어르신들 중에서 저에게 많이 보였던 것이 있습니다. 몇몇 어르신들은, "이 나라가 나를 이렇게 만들었다, 이 정부가 나를 이렇게 만들었다, 어떤 사람이 나를 이렇게 만들었다"라고 말씀하십니다.

저는 본인이 가지고 있는 사고방식이 본인들을 피해자 역할로 만들었다고 생각할 뿐입니다. 이것은 단순히 국가와 타인의 문제가 아닙니다. 물론 나라가 어려워졌거나 타인에 의해서 벌어지는 일도 있습니다. 하지만 제가 말하고 싶은 것은 외부로부터 오는 것들을 이야기하는 것이 아닙니다.

우리가 사람과의 관계 속에서 사소한 말 한마디에도 "너 요즘 되게 잘 먹나 봐"라고 말할 때 어떤 사람은 '요즘에 잘 챙겨 먹어서 얼굴이 좋아 보이나'라고 생각하는 사람이 있습니다. 또 어떤 사람은 '요즘 살쪘는데, 뱃살이 나와서 그렇게 말하는 건가? 짜증이 나네'라고 생각하는 사람도 있죠.

사람이 어떤 식의 사고방식을 하고 있는지를 보여주는 단적인 예입니다. 본인이 기존의 사고방식에 따라 감정을 느끼고 표현을 하는 겁니다. 그래서 사람의 사고방식이 바뀌기 전에는 삶이 바뀌지 않는다는 걸 깨달아야 합니다. 지금의 삶에 만족하는 분들도 많습니다. 하지만 많은 분들이 지금보다 더 나은 삶과 성장을 원합니다. 여러분도 삶을 바꾸고 싶으세요? 그렇다면 세 가지를 점검해 보세요.

첫 번째, 자기 자신의 사고방식을 인식한다.
두 번째, 감정과 행동을 확인한다.
세 번째, 사고방식을 선택한다.

본인의 사고방식이 어떻게 흘러가는지 알고 싶다면 본인이 어떤 것을 보았을 때 느끼는 감정과 그것에 따르는 행동들을 체크해보세요. 사고방식을 스스로 안다는 것은 굉장히 어려운 일 중에 하나라고 생각합니다. 그렇기 때문에 저는 개인적으로 저 같은 전문가의 도움이 필요하다고 생각합니다. 쉽게 예를 들면, 많은 분들이 연애를 할 때나 헤어졌을 때 나타나는 사고와 감정에 따르는 행동을 보면 됩니다.

'나는 왜 이 사람에게 집착할까?'
'나는 왜 이 사람과 계속 함께 있어야 한다고 말할까?'
반대로 헤어졌을 때도 마찬가지입니다.
'나는 왜 이 사람을 놓지 못하는 걸까?'
'나는 왜 세상이 다 끝난 것 같을까?'
위와 같은 여러 가지 감정과 행동을 확인해야 합니다.

이런 감정들이 어디에서 왔는지, 그리고 그 감정들을 느꼈을 때 본인이 하는 행동들을 보아야 합니다. 사랑을 하면서도 집착하게 되고, 연락과 관련한 문제, 함께 계속 시간을 보내야만 하는 문제 등, 이에 대한 사고는 과연 어디서 오는 것일까요?

또 헤어졌을 때도, '왜 나는 이 사람을 놓지 못하는 것일까', '사랑했던 사람이라서 놓지 못하는 것일까', 혹은 '이 사람보다 더 좋은 사람을 만나지 못할 것 같아서일까.' 그렇다면 이 같은 사고는 어디에서 오는 것인지에 대해서 알아야 합니다.

여러분의 사고는 보고, 듣고, 경험을 통해서 오기 때문에 과거의 어린 시절부터 본인의 사고가 무의식 속에서, 보고, 듣고, 경험한 것들에 의해서 결정이 됩니다.

어린 시절에 부모님과 오래 떨어져 지낸 경험 때문에 상대방에게 매일 함께 시간을 보내는 것을 강요하거나, 과거에 상대방이 바람을 피웠기 때문에 연락에 집착을 하거나... 이 같은 과거의 경험과 무의식의 경험들이 쌓여서 자동적인 선택을 거쳐 행동으로 결정되는 것입니다. 그렇기 때문에 본인이 지금 무슨 생각을 하고 있는지 자기 자신의 사고를 인식해서 선택하는 것이 중요합니다.

나로부터 시작하라

솔직히 고백하자면, 이 책 제목과 반대로 저는 당신을 바꿀 수 없습니다. 다만 저의 경험으로 영향을 흘려줄 뿐입니다. 그게 제가 책을 쓰는 이유입니다. 많은 사람들이 인생의 행복을 위해 성공과 사랑을 합니다. 더 나아가 자신의 주위에 도움을 주고 싶어 하는 사람들이 너무나도 많습니다.

제가 사랑하는 자식에게 애인에게 아내에게...
그리고 제 자신이 속한 공동체 안에서...

(아래의 내용은 상담 상황입니다.)
한 분과 나눈 이야기를 해주고 싶습니다. 이 분은 한 남성에게서 폭력과 학대를 당하고 있었습니다. 그 남성은 내담자가 사랑으로 상대를 바꿔주고 싶었던 사람이었습니다.

마크 최   내담자님, 혹시 본인이 그 사람을 바꿀 수 있다고 생각하시나요?

내담자   당연하지요. 저는 그 사람을 사랑해요. 그리고 다 이해해줄 수 있어요.

마크 최   ...근데, 왜? 그렇게 폭력을 참으면서 배려도 없는 사람을 만나시나요?

내담자   제가 조금만 더 잘하면 변화할 수 있을 거라 믿어요.

(이 분은 내면이 삶의 열매를 만드는 것을 몰랐다.)

마크 최   그래요. 자신이 넘치시는군요. 실례지만 혹시 저에게 10억 원을 주실 수 있나요?

내담자   아니요...

마크 최   왜 못 주시지요?

내담자   지금 저에게는 그만한 돈이 없어요.

마크 최   맞아요. 우선 사람은 누군가에게 무엇인가를 주려면 자신에게 있어야 해요. 자신에게 없는 것을 줄 수 없으니까요. 좀 강하게 이야기해드릴게요. 적어도 아닌 것을 알면서도 자신을 변화시키지 못하시면서 누가 누구의 삶을 바꿉니까? 그렇게 학대당하고 상처받는 자신을 보고도 사랑하지 않으면서 무슨 사랑을 하시겠어요. 내담자님은 사랑을 왜 하시나요?

내담자   음. 그 사람이 좋아서 그 사람이 행복하면 저도 행복해요.

마크 최   만약 자신의 삶도 없이? 행복을 어떻게 할 수 있나요? 누군가의 변화만 꿈꾸고 산다면 행복할 수 있나요? 왜 사랑받고 싶어 이 과정을 인내하세요? 그 사람은 변화할 수 없어요. 본인이 아무리 잘해도... 스스로가 깨닫고 변하려고 하지 않으면 아무도 바꿀 수 없어요...

그분은 눈물만 보였습니다. 많은 사람들이 사랑한다는 이유로 부당한 대우를 참아냅니다. 좋습니다. 당신의 삶이니 제가 무어라 할 수 없습니다. 답은 없습니다. 그냥 그렇게 살기로 결정했으니, 그분은 그렇게 살아갈 뿐입니다. 근데 한 번쯤은 자기 자신에게 물어보세요.

첫 번째!
'난 사랑을 왜 하지?
'누굴 위한 사랑을 하고 있지?'
지금 만나고 있는 이 사람이 아니란 생각이 든다면?

두 번째!
내 가족 중에 이 사람과 만나 결혼한다고 해도 나는 찬성할 것인가?
(이 방법은 감정적으로 생각하는 것에 반기를 드는 방법입니다. 이성적으로 문제를 보기 시작하는 좋은 방법입니다.)

사람의 인생사는 다 다르지만 공동의 목표는 똑같습니다. 바로 행복입니다. 행복. 남의 행복이 아닌 자기 자신의 행복 말입니다. 당신의 사랑과 당신의 삶은 행복한가요?

'내가 가지고 있는 것 이상의 것을 다른 사람에게 줄 수 없다.'
절대 진리입니다.

당신 안엔 당신에 대한 사랑이 있나요? 행복한 삶을 살기 위해서는 자기 자신부터 사랑해야 합니다. 지금 만나고 있는 그 친구를 살피기 전에 자기 자신의 마음부터 살필 줄 알아야 합니다. 그래야 누구에게 사랑을 줄 수 있기 때문입니다.

나를 사랑하는 방법을 알아봅시다.

나를 사랑하는 것은 무엇인가

지금까지 내면의 중요성과 사고의 중요성을 이야기했습니다. 이제 한 스텝 더 나가겠습니다. 지금 이 책을 읽고 있는 이유도 본인의 삶이 변했으면 좋겠고 그리고 사랑을 행복하게 하고 싶어서 혹은 사랑 때문에 상처받으신 분들이라면 삶의 여러 가지 문제를 극복하고자, 책장을 넘기리라는 것을 알고 있습니다.

'당신은 누구인가?'
'당신은 무엇을 원하는가?'
'당신은 어디로 가는가?'
'무엇을 할 때 행복한가?'

남의 답이 아닌 자기 자신의 답을 찾아가야 합니다.

이 세상을 살아가는 가장 가까운 존재로서 내면 안에 또 다른 자아란 녀석이 있다는 것을 알아야 합니다. 우리는 그것을 ego(자아)라고 부릅니다. 왜 자기 자신이 중요할까요? 인생을 본인이 살아가니까요. 사랑도 본인이 하니까요. 그리고 사람은 내가 가지고 있는 것 이상의 것을 줄 수 없으니까요.

사랑을 주고 싶은가요?

상대에게 사랑을 주기 전에 자기 자신에 물어야 합니다.

'나는 내 자신에게 사랑을 주고 있는가?'

'사랑하는 사람을 바꾸고 싶은가?'

자기 자신에게 물어야 합니다.

그럼, 본인은 바뀌는 삶을 살고 있나요?

모든 출발점은 바로 자기 자신에게 있습니다.

당신은 가치 있는가

여러분과 나누고 싶은 이야기가 있습니다.

(2019년 7월 <자존감> 수업 중에서)

마크 최   여러분 인생에서 가장 중요한 것이 무엇일까요??

김○○   사랑이요.

조△△   돈이요.

박□□   믿음이요.

마크 최   그럼 당신은 누구인가요?

수강생들   …

마크 최   Who are you?

수강생들   음, 전 엄마요. 전 대학생이요. 저는 박사요.

마크 최   그렇군요. 근데 지금 자신이 누구라고 이야기하는 것이 정말
그게 본인입니까? 박사? 일하는 시간 외에는 무엇을 하시나
요? 엄마? 엄마 외의 본인의 모습은 없나요? 아이가 태어나기
전에 본인은 없고 아이가 태어난 후에 짠, 하고 나타나는가
요? 대학생? 대학을 안 가면 본인은 없는 건가요?

수강생들   한 번도 내가 누구인지에 대해서 생각해본 적이 없어요…

마크 최   오늘 이 수업은 자기 자신을 바꾸려고 오셨는데, 본인이 누구
           인지도 모르면서 무엇을 어떻게 바꿀 수 있을까요? 자기 자
           신의 실체가 무엇인지도 모르는 여러분이...

수강생들   그렇네요... 한번 생각해 봐야겠어요.

마크 최   요즘 TV에서 가장 많이 다루는 주제가 '자존감을 기르자'입
           니다. 그럼 자존감은 무엇일까요? 자존감은 자기 자신을 어
           떻게 느끼느냐에 따라 자존감이 높다 낮다 이야기할 수 있어
           요. 본인의 가치를 낮게 여기는가 혹은 높게 여기는가. 이 기
           준으로 판단하면 이해가 쉽겠군요. 여러분은 자신을 어떻게
           평가하나요. 여기에 사람들이 많으니 한 분과 인터뷰를 하는
           식으로 이야기를 나눠봅시다. 김 양, 나오세요^^. 김 양은 자
           신을 어떻게 평가하시나요? 자신의 가치가 높은가요 아니면
           낮은가요?

김 양   저는 아직은 가치가 낮은 거 같아요. 높아지고 싶어서 이 수
           업을 듣게 됐어요.

마크 최   그렇군요. 훌륭해요. 아직 나이가 서른 살도 안 됐는데 자신
           의 내면 공부를 하다니... (저는 김 양이 내면의 사고방식 가치를
           어떻게 바라보는지 그리고 그것이 얼마나 본인 스스로 만들어놓은
           이야기인지를 깨닫게 해주고 싶었습니다.) 그럼 왜 본인은 자신의
           가치가 낮다고 생각하지요? 왜?

김 양   (잠시 생각 후) 저는 아직 돈을 모아놓은 것도 없고 아직 번듯
           한 직장도 없으니까요. 그리고 사람들이 제게 자존감이 낮다
           고 이야기를 많이 해서 이 수업을 듣게 되었어요.

마크 최   그렇군요. 잘했습니다. 오늘 제게 있었던 일 하나, 이야기해
           도 되나요? 제가 수업을 하려고 집에서 나오는데, 유모차를

조심조심 끌고 쓰레기를 줍는 할머님이 계셨어요. 종이박스를 정리하고 계시더라고요. 그래서 음료수를 하나 들고 가서 고생이 많으신 70대 할머니와 이런저런 이야기를 나누고 식사값을 손에 쥐어드리고 왔어요. 그리고 사무실에 가 있는데 건물주 할머님이 와서는 월세를 올려달라고 하고 이런저런 이야기를 나눴어요. 사무실 건물은 아무리 못해도 200억 원 이상일 거예요. 김 양에게 질문이 하나 있어요. 이 두 할머님 중에 누가 더 가치가 있는 분일까요? 나이도 비슷한데....

김   양   ...

마크 최   제가 이 질문을 한 것은 김 양 본인의 사고방식을 이야기하라는 뜻에서입니다. 본인의 기준으로 아까 이야기한 거 기억하지요? 첫 번째, 나는 모아 놓은 돈이 없다. 두 번째, 나는 번듯한 직장이 없다. 세 번째, 주위 사람들이 자존감이 낮다고 한다. 본인의 기준 대로라면 건물주 할머님은 엄청난 가치가 있고, 종이박스를 줍는 할머님은 가치 없는 그런 삶인가요? 그리고 이 기준으로 아이를 보면 먹고 싸고 하니 이보다 가치 없는 사람도 없지요... 정말 그렇게 생각해요? (본인의 사고가 얼마나 왜곡되어 있는가를 판단해야 그 틀을 깨부술 수 있습니다.) 김 양, 대답해보세요.

김   양   아니 그렇게 절대 생각하지 않아요. 저는 제가 그냥 그렇단 거였는데... 저 할머님은 그렇게 생각하지 않아요.....

마크 최   내가 왜 이렇게 이야기 하냐면 본인이 생각하는 기준은 본인이 그렇게 느끼는 것일 뿐, 사실 그렇게 세상을 바라보지도 않으면서 왜 그렇게 믿고 있느냐는 것이에요. 얼마나 왜곡되고 뒤틀렸는지를 보여 주고 싶었어요. 그럼 가치의 기준은 무엇이어야 합니까? 수강생 여러분, 가치의 기준이 무엇일까요? 저는 희소성이라 생각합니다. 쉽게 다이아몬드나 금 이런 가치가 있는 것은 세상에 별로 없기 때문이지요. 여러분과 같은 사람들은 있나요? 세상에 한 명이라도, 제가 생각할 때 사람보다 가치 있는 것은 없다고 생각해요. 그것이 재능이나 직업이나 돈이 아니라 그 사람 자체가 가치 있다는 것이지요. 이 가치에 대한 생각도 남이 줄 수 없어요. 자신이 자신을 어떻게 생각하느냐 결정해야 하는 것이지요. 제가 아무리 가치 있다고 이야기해도 안 믿을 사람 많을 거예요. 저도 그랬으니까요. 오늘 한번 이 말을 듣고 '난 너무 가치 있어' 이렇게 되는 것도 이상하긴 하지요. 다만 의구심을 갖으라는 거예요. 의구심. 본인이 합리적이지 않게 사고하지 않고 본인이 가치 없다 가치 있다 말하고 있는지에 대해서요.

수강생들   그럼 자존감이 높다는 것은요? 나를 가치 있게 여기면 무엇이 좋은 거지요?

마크 최   아주 좋은 질문이에요. 적어도 본인이 가치 있다고 생각한다면 그 시선으로 세상을 바라볼 거예요. 그리고 본인이 자기 자신을 가치 있게 대하면 본인도 상대방을 가치 있게 바라볼 수 있으니까요. 당신은 참으로 가치 있습니다.

지금 당장 자신을 사랑해라

<자기 자신을 사랑하는 법>이라는 주제로 여러분과 소통을 나눠 보겠습니다. 오늘 주제가 왜 중요하냐면 앞으로 사랑을 하실 분들 그리고 인간관계 속에서 고민을 한 번쯤이라도 하고 계신 분이라면, 마음에 잘 담아 일상생활에 적용하게 되면 인생을 살면서 많은 도움이 될 것 같아서입니다.

<자기 자신을 사랑하는 법>은, 우리가 어릴 때부터 성인이 될 때까지 주변 사람들과 여러 매체들을 통해서 가장 많이 듣는 이야기 중 하나가 아닐까 싶습니다. 그렇지만 실제로 자신을 사랑하는 것에 대해서 아직 깨닫지 못하고 인생을 사시는 분들도 많고, 자기 자신을 사랑하는 방법을 모르는 분들도 의외로 많습니다. 또 자기 자신을 사랑한다고 하지만 단어적인 의미에만 국한되어 깊이 있게 자기 자신을 아는 분들도 많지 않습니다. 그분들에게 제 이야기가 큰 도움이 됐으면 좋겠습니다.

심리상담 일을 하는 제게 많은 사람들이 이별하고 난 다음이나 혹은 어떤 사람으로부터 상처를 받은 다음에, 이렇게 물어봅니다.

"어떻게 하면 자기 자신을 사랑할 수 있나요?"

이때 가장 중요한 게 뭐냐면 자기 자신한테 꼭 물어봐야 한다는 겁니다.

본인에게 사랑의 의미가 무엇인지 물어봐야 됩니다. 자기 자신을 사랑하는 것 이상으로 다른 사람을 사랑할 수 없습니다. 사랑이라는 의미와 개념이 상대방에게 하는 것 따로, 자기 자신에게 하는 것 따로 있는 것이 아니라, 그 둘이 일맥상통하기 때문입니다. 그렇기 때문에 자신의 기준점과 자신의 가치관에 따라서 타인을 사랑해줄 수 있습니다. 사랑이라는 것에 정의와 정답은 없습니다. 하지만 제가 생각하는 정의와 정답은 있습니다.

저는 20대 때부터 30대 초반까지는 희생이 사랑이라고 생각했습니다. 내가 이 사람을 위해서 모든 것들을 배려하고 희생하면서 더 나아가 사랑하기 때문에 나를 포기하면서까지 해야 되는 것이 사랑이라고 생각했습니다.

저도 많은 경험과 배움을 거쳤고 저의 사랑이라는 개념 자체도 변했습니다. 나 자신이 먼저 존재하고 나서 내가 사랑하는 사람이 존재한다는 것을 깨달았기 때문입니다. 이 말은 굉장히 중요합니다. 왜냐하면 그렇게 할 수 있을 때에만 상대방을 온전히 받아들일 수 있습니다.

그러면 여러분이 질문을 하겠죠? 도대체 "자기 자신을 사랑하는 것이 무엇이냐"라고요. 제가 상담하면서 많이 하는 말이 있습니다. 상대방을 배려하고 존중하며 있는 모습 그대로를 받아들여 주는 것, 상대방의 빛나는 모습을 응원해주고, 그 사람이 원하는 삶을 살 수 있게 본인이 옆에서 지지해주는 것, 상대방에게 의존하는 것이 아니라 본인에게 의지할 수 있는 사람이 되어주는 것 등이, 저에게 있어선 사랑의 의미입니다.

이렇게 세운 저의 사랑의 의미를 제 자신에게 대입하는 겁니다. 마크 최라는 사람을 있는 모습 그대로를 사랑해주는 거예요. 제 일이 잘 풀리지 않을 때, 제가 실수할 때, 제가 어려움에 처했을 때나 기쁠 때, 아무 때라도 상관없습니다. 나를 있는 모습 그대로 인정해주는 거예요. '괜찮아, 오늘 정말 수고했어', '오늘 하루 어땠어?', '오늘 하루 행복했어?' 본인에 대한 배려를 하는 겁니다.

어디서부터 출발했는지 보이십니까? 바로 '나', 자기 자신입니다. 나 자신을 대하는 자기 자신으로부터 시작하는 겁니다. 그래야만 다른 사람을 대할 수 있습니다. 이렇게 이야기할 때 반문하는 분들도 있을 수 있습니다. "아니요, 저는 다른 사람을 대할 수 있는데요"라고 말입니다.

저는 이 부분에 대해서는 정확하게 대답할 수 있습니다. 다른 사람에게 그렇게 대하면서 자기 자신에게 그렇게 하지 못한다면 온전한 사랑이 아니라 반쪽짜리 사랑이고, 사람마다 시간이 다르겠지만 언젠가 무너진다고 말할 수 있습니다.

건강한 사랑은 본인이 자기 자신을 먼저 사랑하고, 본인이 자기 자신을 사랑하는 것으로써 그대로 다른 사람을 사랑하는 겁니다. 본인이 자기 자신을 사랑하지 않으면서 다른 사람을 사랑할 수 없습니다.

자기 자신을 사랑한다는 것은 자기 자신을 배려하고, 아껴 주는 겁니다. 자기 자신에게 욕하고 다그치지 않는 거예요. 꿈을 꾸고, 할 수 있다고 말해 주는 겁니다. 왜냐하면 저는 나 자신을 사랑하니까, 배려하고 존중하는 겁니다.

저는 제 하루에 대해서 궁금한 것을 스스로에게 물어봐요.
'오늘 하루 어땠어?'
'너는 어떤 꿈을 꾸고 있니?'
'너는 어떤 사람이야?

'힘들지 않아?'

이렇게 스스로에게 질문을 많이 할수록 자기 자신에 대한 이해도가 점점 높아지게 됩니다.

이때 무슨 일이 있어도 자기 자신의 편이 되어서 나 자신에게 감사하고 인정하고 사랑한다, 괜찮다고 이야기해주는 것이 핵심입니다. 본인이 자기 자신과 친밀해지면 주위에서 말하는 것들로 좌지우지되지 않습니다. 이걸 자존감이라고 표현하죠. 자기 자신을 사랑하려면 사랑에 대한 본인의 개념을 만들어야 합니다. 그리고 그대로 자기 자신을 대하면 됩니다.

그렇다면 여러분이 또 질문을 하겠죠. 사랑의 개념을 어떻게 만드나요?

다음의 세 가지만 기억하면 좋을 것 같습니다.
첫 번째는, 당신이 누구인지 알아야 합니다.
두 번째는, 과거의 자기 자신을 용서해야 합니다.
세 번째는, 자기 자신을 믿어야 합니다.

첫 번째, 당신이 누구인지 알아야 합니다.
많은 사람들이 본인의 존재 자체가 얼마나 가치 있는지 깨닫지 못하고 있습니다. 본인보다 다른 사람이 더 중요하다고 생각하고 자기 자신을 돌보지 않고 다른 사람에게 희생당하는 경우들이 많이 있습니다. 그렇기 때문에 자신도 모르게 자기 자신을 학대하거나 방관하는 분들이 많이 있습니다. 여러분, 다이아몬드와 금이 왜 가치 있는 줄 아십니까? 다들 아시겠지만, 세상에 많이 있지 않기 때문에 그렇습니다.

그런데 실제로 이 세상에 태어난 여러분은 이 세상에 단 한 명뿐이에요. 보석과 사람의 존재 가치만 따져도 사람이 더 귀중하다는 것은 모두 다 아는 사실이겠죠? 다이아몬드도 그 종류에 따라 가격이 다르겠지만 값 비싼 것은 아마 수백, 수천억 원이 넘을 것입니다.

보석이라는 물건의 값만 따져도 이렇게 가치가 있는데, 하물며 여러분의 존재는 어떻겠습니까? 존재 자체만으로도 여러분은 충분히 가치 있는 존재입니다. 그렇기 때문에 본인이 얼마나 가치 있는 존재이고, 얼마나 사랑받기에 합당한 사람이라는 것을 깨닫는 게, 자기 자신을 사랑하는 첫 번째 걸음입니다.

두 번째, 과거의 자기 자신을 용서해야 합니다.

보통 자신을 사랑하라고 말하면서 과거를 용서하라고 말하면 의아해하시는 분들이 많습니다. 그런데 제 이야기를 잘 들어 보세요. 우리는 사랑하는 사람이 어떤 잘못을 인정하고, 우리에게 자신의 잘못을 이야기하며 용서를 구할 때 그를 용서해줍니다.

근데 실제로 우리가 과거에 어떤 실수와 잘못을 했는지 본인도 모르는 경우가 많습니다. 저도 여러분이 과거에 어떤 실수와 잘못을 했는지 모릅니다. 그리고 여러분도 제가 어떤 실수와 잘못을 했는지 모르죠.

제가 이야기를 하고 싶은 건 실수와 잘못을 따지기 위함이 아닙니다. 그 실수와 잘못 안에서 평생을 살아가는 사람들이 많이 있다는 것을 말하고 싶은 것입니다. 본인도 알게 모르게 어린 시절의 경험들로 자기 자신을 평가하고 있다는 뜻입니다.

본인이나 타인에 의한 경험들로 자기 자신을 부정적으로 평가하지 마세요. 여러분을 인정하고 용서할 때 앞으로 나아갈 수 있습니다. 그렇기 때문에 자기 자신을 사랑할 수밖에 없고, 그렇기 때문에 과거의 당신을 꼭 용서해야 합니다.

　사람은 완벽할 수 없습니다. 사람은 저마다 약점이 있습니다. 어떤 사람은 게으른 약점, 어떤 사람은 술 먹고 실수하는 약점 등, 이유도 제각각입니다. 사람은 저마다 다르기 때문이에요. 누구나 약점을 가지고 있습니다.
　그렇기 때문에 제가 말하고 싶은 것은 본인의 약점과 본인의 부족한 점을 꼭 용서하면 좋겠다는 것입니다. 그래야 자기 자신의 사랑의 단계까지 나갈 수 있습니다.

　세 번째, 자기 자신을 믿어야만 합니다.
　이 책을 보시는 구독자 여러분 중에는 자기 자신을 못 믿는 분들이 많이 있습니다. 하지만 저는 저 자신을 믿어 줄 수 있습니다.
　'나는 과거에 어떠어떠했지만, 앞으로 이런 인생을 살 것이다.'
　'나는 특별히 행복과 불행을 선택할 수 있다.'
　'나는 내 가치를 높일 수 있다.'
　'나는 오늘보다 내일 더 행복할 수 있다.'

　이렇게 자기 자신에게 이야기해주고 행동으로 옮겨주세요. 몇 개의 예시처럼 본받고 싶은 사람의 말을 인용할 수도 있고, 본인이 원하는 것들을 적어볼 수도 있습니다.

03

나를 사랑하자
(실천편)

어떻게 선택할까

사람은 본인의 인생의 모든 것을 선택할 수 있습니다. 사실 인생의 많은 문제들은 자기 자신을 사랑하지 않고 자기 자신을 쓸모없게 여기는 것에서부터 시작을 합니다. 여러분이 느끼는 문제와 스트레스의 경우에는 자신을 함부로 대하고 무시하고 평가절하하는 자신이 있음을 깨닫기를 바랍니다. 오늘부터 무슨 일이 있어도 자신을 사랑하고 선택하는 겁니다.

여기서 말하는 선택은 의식적으로 말하고 생각하는 것을 의미합니다.

첫 번째, '나는 내 모습 그대로 받아드리고 인정해줄 거야.'
두 번째, '나는 내게 사랑한다고 이야기해줄 거야.'
세 번째, '나는 내게 해야 한다고 강요하는 대신, 할 수 있다고 믿는다고 이야기해줄 거야.'
네 번째, '나는 나를 혼내지 않고 잘했다고 이야기해줄 거야.'

위의 것을 반복적으로 이야기해주세요. '자신이 들을 수 있게.' 마치 자신 안에 4~6살 아이가 있다고 생각하고요. 이것이 자존감을 기르는 아주 좋은 방법입니다. 앞 장에서 이야기했지요. '사람은 보고 듣고 경험한 것이 내면에 심어져서 사고를 만들어낸다'라고요. 본인이 여태 자존감이 낮다고 이야기하는 것도 내면의 것을 입 밖으로 내뱉고 있기 때문이지요.

'나는 쓸모없는 인간이야.'
'나는 무엇을 해도 한심해.'
'나는 부족한 사람이야.'
'나는 잘할 수 없어.'
'나는 실수투성이야.'
'나는 날 사랑할 수 없어.'

이렇게 여러분은 자기 자신을 만들어오신 거에요. 그러니 이제 의식적으로 해봅시다.

제가 존경하는 내면치유 전문가인, 루이스 헤이의 ≪미러≫란 책에는 '거울 훈련법'이 나옵니다. 거울을 보고 '나를 사랑한다'고 하루에 여러 번 말하는 방법입니다.

제가 생각할 때, 그 속뜻은 본인이 본인의 얼굴을 볼 때 가상의 인물이 아닌 자기 자신을 실제처럼 마주하라는 이야기입니다. 무엇보다, 반드시 거울을 보면서 본인의 얼굴을 보고 해야 합니다.

저 같은 경우는 거울을 보면서, '사랑해'라고 처음 이야기할 때 마음속에서 '웃기고 있네, 가식쟁이'라는 생각이 들면서 거울을 던져버렸던 적도 있어요. 이런 행위도 내면의 상처가 많다는 것이니, 괜찮습니다. 거울을 보면서 하는 '사랑해'라는 말에 거부감이 들면 '나는 너를 알아가고 싶어'라고 다가가는 것이 중요해요. 포기하지 마세요. 보통 이 훈련을 시키면, 하루이틀 하다, '뭐야, 안 되네'라고 하실 텐데요.

매일 30번 이상 반드시 이야기를 자신에게 해보세요. (의무감으로 하지 마시고, 본인의 자녀에게 하듯이 따뜻하게 하세요. 시간을 내서요.) 그리고 하루의 느낌을 노트나 휴대폰에 솔직히 적어보세요.

제 이야기를 해드리자면 이래요.

'오늘은 아무 대답이 없다. 난 뭐 하는 거지. (솔직하게) 다음날 대답이 없다... 오늘은 뭔가 기분이 좋다. 또 말이 없다. 그렇게 시간이 56일이 지나고 처음으로 내면의 이야기가 들렸다.'

'마크 최야, 나 사실 많이 외로웠어. 너에게 인정받고 싶었어.'

이날, 참 많은 눈물을 흘렸던 기억이 있어요. 그 이후로는 지금까지 내면의 저와 함께 시간을 보내며 살고 있습니다. 포기하지 마시고 자신을 이해하고 아껴주세요. 당신은 잘할 수 있습니다.

당신은 당신이 쓰는 말이다

제가 심리상담 일을 하면서 많은 사람들을 만나는데요. 상담을 하면서 가장 먼저 보는 게 있습니다. 그게 무엇일까요?

바로 그 사람의 말을 봅니다. 여러분은 평소에 어떤 말을 가장 많이 하고 있나요? 본인이 가장 많이 하고 있는 말들이 무엇인지 아시나요? 제가 이렇게 물어보는 이유는 말은 곧 그 사람의 내면을 대변하고 그것이 쌓여 그 사람이 되기 때문입니다. 말은 여러분이 생각하는 것보다 훨씬 더 지금의 여러분이 만들어지는 것에 밀접한 관계가 있기 때문입니다.

아는 분들도 있겠지만, 말의 영향력을 증명하기 위해서 여러 과학자들이 실험을 했습니다.

첫 번째는 식물에, 두 번째는 물에 실험을 했는데요. 각각 두 가지를 같은 환경에 두고 하나의 식물에는 긍정적인 이야기와 또 하나의 식물에는 부정적인 이야기를 했습니다. 물의 경우에는 하나의 물에는 긍정적인 이야기를 또 다른 물에는 부정적인 이야기를 했습니다. 같은 조건이지만 다른 것은 말의 효과인데요.

긍정적인 이야기를 할 때는 '사랑한다, 너는 너무나 잘 크고 있다' 등, 인정과 격려를 해줬습니다. 부정적인 이야기에는 '나는 네가 싫어, 너는 없어졌으면 좋겠어'라는 이야기를 계속적으로 몇 날 며칠을 했습니다. 과연 결과가 어떻게 나타났을까요? 이미 결과가 그려지지 않나요?

긍정적인 이야기를 들은 식물은 너무나도 잘 컸고, 아주 알찬 열매까지 열렸습니다. 부정적 이야기를 들은 식물은 말라죽다 못해 뿌리까지 썩어 없어졌습니다. 그렇게 끝내 죽고 말았죠. 또 물에서도 같은 모습이 보였는데요. 긍정적인 이야기를 들은 물은 입자가 더 견고해졌을 뿐만 아니라 이 안에 있는 미네랄과 여러 가시 영양소들까지 업그레이드가 되었습니다. 부정적인 말을 했던 물의 경우에는 신기하게도 입자 자체가 파괴되어 영양가 없는 물이 됐죠.

제가 이렇게 과학시간도 아닌데 지루할 수도 있는 실험 이야기를 하는 이유는요. 우리말에는 사람을 살리는 말과 사람을 죽일 수 있는 말이 존재한다는 것을 증명하는 자료에 대해서 설명해드리고 싶어서입니다.

제가 생각할 때 말은 그 어떤 검보다 예리해서 어느 누구를 벨 수도 있고, 어느 누구를 찌를 수도 있습니다. 뿐만 아니라 어떤 약보다 효능이 좋습니다. 말이라는 것은 아픈 사람을 회복시킬 수도 있고, 성장하는 사람에게 좋은 영양제가 될 수도 있습니다. 이것은 비단 상대방만을 대할 때뿐만 아니라 본인 자신에게 해당되는 이야기입니다.

제가 가장 많이 상담하는 세 가지가 있습니다. 인생에 관한 것과 연애 그리고 인간관계에 대한 조언을 듣고자 상담하시는 분들이 가장 많습니다. 제가 서두에 이야기한 것처럼 상담을 하면서, 그분들의 이야기를 들을 때 가장 먼저 무엇을 본다고 했죠? 기억하시나요? 바로 말입니다.

상담을 하면서 상담자분들이 어떤 말을 제일 많이 하고 있으며, 그 말에 얼마나 영향을 본인이 받고 있는지를 상담자에게 가장 먼저 알려줍니다. 예를 들어 계속적으로 본인 스스로를 죽이는 말을 하는 상담자가 있어요. "저는 안 될 거 같아요, 저는 그 사람이 안 됐으면 좋겠어요, 저는 뭘 잘할 수 있는 게 없어요" 같은 말을요. 제가 여기서 말하는 죽음은 사람이 물리적으로만 죽는 것에 대한 죽음이 아니라, 정신적인 자기파괴를 가리키는 것입니다.

저는 상담을 하면서 이 이야기를 들려주며 "지금 그 말을 멈추세요"라고 이야기합니다. 왜냐하면 제일 먼저 본인이 하는 말을 자기 자신이 듣기 때문입니다. 말한 것들을 통해서 그 결과로 본인의 마음 밭에 말의 씨앗이 뿌리를 내리고 열매를 거두기 때문입니다. 저는 그것이 너무나 무섭습니다. 그 결과를 알기 때문에 그렇습니다.

그러면 '말을 하지 말라는 것인가. 무서움과 두려움으로 끝이 나는 것인가'라고 부정적인 생각이 들겠죠. 제가 이렇게 말씀드리는 것은 우리가 선택할 수 있기 때문입니다. 사람을 살리는 말과 사람을 죽이는 말은 다른 사람에게 하지 않더라도 가장 첫 번째로 듣고 가장 많이 듣는 것이 자기 자신입니다. 그 때문에 그런 말을 의식적으로 멈추고 긍정적인 말들로 선택할 수 있다는 겁니다.

제가 항상 영상 끝에 하는 말이 있습니다. 우리는 오늘보다 내일 더 성장할 것이고 행복하자고 말입니다. 자기 자신도 모르게 무의식적으로 스스로에게 하는 말을 점검하고 의식적으로 선택해서 말을 해야 됩니다. 말은 곧 자기 자신이고, 삶에 영향을 미치기 때문입니다.

저는 여러분이 자기 자신과 사람들을 살리는 말을 사용하셨으면 좋겠습니다. 그렇다면 다음 장에는 말을 어떻게 점검하고 더 나아가 행동으로 옮길 수 있는지에 대해서 여러분과 생각을 나눠보도록 하겠습니다.

우선 말의 중요성을 이야기하기 전에 말로 상처받은 분들이 많이 있습니다. 말로 상처받았다는 것은 누군가의 말이 자기 자신에게 상처로 다가온 거겠죠. 이때 중요한 게 있습니다.

세상에는 참 많은 이야기들이 있습니다. 특별히 나한테 말로 상처를 주는 사람들은 나와 모르는 사람일 수도 있고, 혹은 나랑 가장 친한 사람일 수 있습니다. 가족이거나 친척이 될 수 있고, 남자친구나 여자친구일 수 있는 거죠. 우리가 이때 "나는 상처를 안 받아야지, 난 상처받지 않아"라고 말한다 해도 상처를 안 받는 게 아니죠. 그럼 저에게 어떻게 해야 되냐고 질문합니다. 한번 생각해봐야 합니다.

"나는 왜 이 사람들이 말하는 것에 상처받고 있지?"
Why(왜)에 대해서 스스로에게 물어볼 수 있어야 하는 겁니다.

쉽게 예를 들어보겠습니다. 제 친구가 저한테 인생에 대해 이야기를 하면서 "너, 인생 그렇게 살지 마. 옳지 않아"라고 말하는 게 과연 사실일까요? 이에 대해서 의구심을 품어야 한다는 거죠. 이 사람이 나를 생각해서 해주는 말인지는 알겠어요. 하지만 그 말을 제가 다 받아들일 필요는 없다는 겁니다.

사람은 자기 자신이 받아들이고 싶은 것만 받아들입니다. 그렇기 때문에 내가 보고 싶은 것만 보고, 듣고 싶은 것만 듣습니다. 사람은 자기 자신이 보는 걸 믿는 게 아니라, 믿고 싶은 걸 보는 겁니다. 또한 사람은 들리는 걸 믿는 게 아니라, 듣고 싶은 것들을 듣습니다. 꼭 기억하세요.

"보고 싶은 것만 보고, 듣고 싶은 것만 듣는다."

이 말을 제가 예시로 한번 검증해보겠습니다. 보통 말로 한 번쯤 상처 받아 보신 분들이 있을 거예요. 그럼 제가 한 가지 물어보겠습니다. 상대방이 본인에게 여러 가지 부정적인 말들을 했고, 그 말들로 인해서 본인이 상처를 받았습니다. 그럼 다시 한 번 물어볼게요.

상대방이 본인에게 긍정적인 말을 하고, 본인에 대해서 "너, 이렇게 인생 살지 말라"고 조언을 하면서 "이런 인생 살아봐"라고 한다면 여러분은 상대방이 조언해준 것처럼 인생을 살 건가요? 아마 이 책을 읽고 있는 사람 100명 중에 100명은 "아니, 뭔 소리야. 무슨 소리인지는 알겠는데 내가 원하는 대로 살 거야"라고 말하겠죠? 이 말의 숨은 의미가 무엇인지 알겠습니까?

여러분은 왜 같은 이야기라도 상대방이 말하는 부정적인 이야기만 마음에 품느냐는 거예요. 왜 상대방이 본인을 생각해서 긍정적으로 말하는 이야기는 듣지 않나요? 결론은 선택적으로 내가 듣고 싶은 것만 듣고 있다는 것입니다.

첫 번째, 왜 부정적으로 이야기할 때는 듣고, 긍정적으로 조언을 해줄 때는 듣지 않습니까? 굉장히 감정적인 반응이죠. 이 같은 행동은 이성적으로 판단할 때 신뢰할 수 없습니다.

두 번째, 본인이 영향력을 받을 때만이 상처가 됩니다. 제가 조카들을 데리고 크리스마스 때 장난감을 사주러 대형 마트에 간 적이 있어요. 거기에서 장난감을 고르는 데 여섯 살 정도로 보이는 꼬마아이가 제게 "아저씨 너무 무섭게 생겼어요"라고 말했어요. 저는 그 아이가 제게 말한 걸 가지고 '내가 무섭게 생겼나? 내 얼굴을 어떻게 해야 되나'라고 생각하지 않아요. 왜냐하면 꼬마아이이기 때문에 그 아이는 그렇게 느낄 수 있어요. 여기에서 중요한 건 제게 어떤 영향력도 발휘 못 하게 제가 선택하고 있다는 거예요.

우리가 다른 사람들을 바라볼 때, 이 사람이 내게 영향력을 끼치고 안 끼치고는 사실은 본인의 선택에 따른 결과입니다. 이때 상대방이 본인에게 영향력을 끼친다고 하면 점검해봐야 합니다. 이 사람이 나의 삶에 좋은 영향력을 끼칠 만한 그릇인가, 나의 멘토인가, 아니면 나는 이 사람과 같은 삶을 살고 싶은가를 점검해야 합니다. 저는 어른이니까 그 꼬마아이와 같은 삶을 살고 싶지 않아요.

그런데 여러분은 상대방이 상처를 준 것에만 빠져 있는 거예요. 이 사람을 동경하지도 않고, 본인의 멘토도 아니고, 닮고 싶지도 않으면서, 왜 여러분은 상대방의 말에 상처를 받느냐는 거죠. 너무 이해가 안 되지 않습니까? 그런 사람들의 말로 영향을 받는다는 것이 말이 안 되는 겁니다.

세 번째, 영향력은 본인이 선택할 수 있습니다. 저는 여러분이 안 믿으실 수도 있지만, 서른 살이 넘은 이후로 말로 상처받은 적이 없어요. 왜냐하면 상대방의 말은 제가 볼 때 설득력이 있었던 적이 거의 없었습니다. 또한 제 멘토나 제가 닮고 싶은 사람들이 저를 다그치거나, 혼내실 때에도 그 말이 제게 상처가 아니라 조언으로 받아들여져서 감사함으로 다가왔던 것입니다. 여러분이 상처받거나 상처로 받아들이는 건 감정의 일부입니다. 그 감정들을 검증해봐야 합니다.

말의 중요성 전에 영향력과 구별법에 대해서 먼저 설명을 했습니다. 말은 삶에서 굉장히 중요합니다. 말이라는 게 중요하다는 건 어릴 때부터 많이 들어왔죠. "너, 말조심해라"라는 말은 살면서 무수히 들었던 표현입니다. 저는 말이라는 것을 씨앗으로 봅니다. 말에 대해서 이야기를 하다가 갑자기 씨앗이라니 무슨 소리냐고 생각할 수도 있습니다. 우리 한번 말을 씨앗이라고 생각해봐요. 말은 씨앗이고, 우리의 마음은 밭이라고 생각해보겠습니다.

우리가 출근하는 사람이라고 상상해볼게요. 출근길에 전철역으로 길을 걸어가는데, 모르는 사람이 갑자기 "야, 이 나쁜 놈아!"라고 하면 그 이야기를 듣는 나의 기분은 어떨까요? 둘 중에 하나겠죠.

기분이 나쁠 수도 있거나, 아니면 '뭐야. 이 사람, 아침부터 짜증난다'라면서 무시할 수 있어요. 그런데 다음날에도 똑같이 "야, 이 나쁜 놈아!"라고 하면 또 '왜 저래'라고 무시하고 기분이 나쁠 수 있습니다. 그런 이야기들을 계속 들으면 실제로 기분이 나빠지겠죠? 물론 나쁜 놈이라고 내가 선택하지는 않겠지만, 그 이야기를 몇 번 들으면 그런 감정이 느껴집니다. 본인의 귀를 통해서 들리기 때문이죠.

말이라는 것을 씨앗이라고 생각해보자고 했습니다. 앞의 예시처럼 상대가 본인에게 이야기를 하거나 우리가 말하는 것들을 다른 사람이 듣게 됩니다. 특별히 부정적으로 말하는 사람 주위에는 부정적인 사람들이 굉장히 많이 있습니다. 한번 둘러보세요. 긍정적으로 말하는 사람들의 집단은 생산적이고 사람을 살리는 말을 많이 합니다.

왜 이럴까요? 우리가 왜 말을 조심해야 되냐면 말에는 힘이 있기 때문입니다. 끌어당김의 법칙에 의해서도 있지만, 그보다 더 중요한 건 말을 할 때, 특히 본인이 부정적으로 말할 때 혹은 본인이 어떤 실수를 할 때 스스로 말하는 것들을 가장 처음으로 듣는 것이 상대방이 아니라, 바로 본인 입을 통해 본인의 귀로 듣기 때문입니다.

스스로에게 하는 '너는 왜 이 모양 이 꼴뿐이 안 돼. 너는 정말 형편없는 아이구나, 너는 쓰레기 같아'라는 말들을 상대방을 통해서도 들을 수 있습니다. 하지만 평소에 자기 자신에게 하는 말부터 점검해봐야 합니다.

물론 그 씨앗이 심어지지 않을 수도 있습니다. 앞에서 예시를 들었던 지나가는 모르는 사람이 말하는 것처럼 본인에게 영양가가 없을 수도 있습니다. 하지만 그런 말을 지속적으로 삶 속에서 듣거나, 사용한다면 그 말은 언젠가 본인의 마음에 심어지게 되어 있습니다.

그래서 저는 상담을 하면서 동기부여를 줄 때 상담자분이 쓰는 말을 유심히 듣습니다. 왜냐하면 그 사람이 생각한 것들이 말로 나오기 때문입니다. 말은 씨앗이고, 그 사람이 생각한 것들이 마음에 심어지기 때문에 그렇습니다. 예를 들어 자기 자신을 부정적으로 생각하는 사람은 꼭 그 생각이 말로 나오게 되어 있습니다. 자기 자신을 한심하다고 생각하면 그 말을 본인의 귀가 듣고 본인의 마음에 심어지게 됩니다. 결과적으로 본인 말로 심은 것의 열매를 거두게 되는 겁니다. 그 사람 앞에는 말 그대로 정말 한심스러운 일들이 펼쳐질 것입니다.

그와 반대로 본인 스스로 어떤 문제에 있어서도 극복할 수 있는 사람이라고 믿고, 말하기 시작하면서 행동으로 옮기면 적어도 이 전과는 다른 자신의 삶을 조금씩 열매로 거둘 수 있습니다. 과연 본인이 타인에게 사용하는 말들이 무엇인지 체크해봐야 합니다.

반복되지만, 앞에서는 다른 사람이 하는 말에 대한 내용이었습니다. 지금은 본인이 스스로에게 어떤 말을 하는지, 본인을 만드는 내용에 대해서 이야기하고 싶습니다.

상담하는 동안, 저는 "선생님, 이 사람이 좋은 사람인지, 나쁜 사람인지 잘 모르겠어요"라고 질문을 받을 때가 있습니다. 그런 질문을 받으면 제가 뭐라고 대답할까요? 계속 같은 말이 나오고 있죠? 저는 "그 사람이 쓰는 말을 보면 알 수 있습니다"라고 대답합니다.

본인이 자신을 어떻게 평가하는지 들어봐야 합니다. 상대방에게는 말을 잘해주면서 자기 자신에게는 부정적인 이야기를 하는 사람은 반쪽 자리 긍정입니다. 본인이 하는 말을 본인이 듣고 그 말에 맞는 열매를 본인의 삶에서 거두기 때문에 조심해야 합니다.

여러분의 일이 잘 안 풀릴 때 여러분의 입에서 어떤 말이 나왔는지 그리고 부정적으로 말하는 사람들을 살펴보세요. 그렇게 말하는 사람들의 삶이 과연 바뀌고 있는지 또는 안 바뀌고 있는지를 보면, 말이 얼마나 파급력이 있고 중요한 것인지를 알 수 있습니다. 그렇기 때문에 여러분이 오늘부터 좋은 말들과 긍정적인 말들, 사람을 세워줄 수 있는 말들을 사용했으면 좋겠습니다.

당신이 원하는 것을 얻는 방법

돈을 왜 버나요?

사랑을 왜 지키고 싶나요?

여러분은 어떤 인생을 살고 싶나요?

원하는 것을 얻고 싶으신 분들에 대해서 이야기를 해보도록 하겠습니다. 인생상담에 대해서 물어 보시는 분들의 연령이 참 다양해요. 동생, 형, 누나 그리고 아버님, 어머님 또래 분들도 굉장히 많습니다. 그만큼 인생에 있어서 원하는 것을 얻는다는 것은 참 중요하죠.

원하는 것을 얻기 위해서 무엇보다 첫 번째는 인생의 우선순위를 정해야 합니다. 여러분은 인생의 우선순위를 정해 놓고 사십니까? 인생의 우선순위를 알아야 인생을 개발하고 더 앞으로 더 나아갈 수 있다고 생각합니다. 요즘에 이런 생각이 참 많이 들었습니다.

인생의 우선순위에 정답은 없습니다. 어떤 사람은 그것이 돈일 수도 있고, 어떤 사람은 사랑일 수도 있고, 어떤 사람은 가정일 수도 있습니다. 중요한 건 본인이 선택한 우선순위 안에서 얼마나 시간을 보내며 시간을 쓰고 있는가입니다.

저는 개인적으로요. 인생의 우선순위의 첫 번째는 신앙이고, 두 번째는 가족, 세 번째는 돈이에요. 이게 한 5년 전만 하더라도 첫 번째가 돈이었고, 두 번째가 가족, 세 번째가 신앙이었습니다. 우선순위가 변하거나 특별히 우선순위 균형이 맞지 않으면 더 행복할 수 있는 인생에서 행복의 장애물이 될 수 있다는 걸 깨달았습니다.

특별히 돈과 가정을 예로 들자면, 어떤 사람이 돈을 열심히 벌고 있지만 정작 본인이 우선순위에 두고 있는 첫 번째인 가정을 제대로 돌보지 않는 사람들을 저는 많이 봤습니다. 제 주위에 돈을 많이 버는 분들이 굉장히 많은데요. 일에 치여 살면서 가족들과 어떤 교감도 없는 사람들을 너무 많이 봤습니다. 그런데 그분은 본인의 삶은 불행하다고 말합니다.

그렇다면 우선순위를 바꿔야 하는 것 아닙니까? 다시 예를 들어서 돈 다음에 가족이라고 해도 지금 버는 돈 안에서 가족과 시간을 보내야 됩니다. 자기 마음을 써야 된다는 겁니다. 이때만이 본인이 정말 우선순위로 두었던 가치관을 통해서 행복감을 맛볼 수 있기 때문입니다.

인생의 우선순위 없는 분도 많을 것이고, 우선순위를 정해놨지만 실제로 그것에 본인의 ㅂ마음과 시간을 쓰지 못하시는 분들이 꽤 많습니다. 무엇보다 중요한 건 우선순위의 균형입니다.

돈을 왜 버나요?
사랑을 왜 지키고 싶나요?
여러분은 어떤 인생을 살고 싶나요?

우선순위가 없다면 어떻게 앞으로 더 나아갈 수 있을까요? 마치 내비게 이션 없이 하루를 살아가는 것과 같지 않을까요? 본인이 어떤 인생의 우선 순위를 가지고, 어떻게 시간들을 보내고 있는지 깨닫길 바랍니다.

원하는 것을 얻으려면 목표와 계획만큼이나 중요한 것이 있습니다. 바로 동기인데요. 원하는 것, 이루고 싶은 것이 있다면 이 동기가 정말 자기 자신을 설득해서 납득이 가는지를 한번 체크해봐야 합니다. 동기라고 하면 많은 분들이 어릴 때부터 성인이 될 때까지 굉장히 많이 듣는 단어 중 하나입니다. 동기, 동기부여 등 여기에서도 삶의 동기부여인지, 다이어트에 대한 것인지 여러 가지의 동기가 있습니다.

동기부여가 가장 많이 일어나는 날이 언제인지 아시나요? 바로 새해의 시작입니다. 실제로 새해가 되면 대다수의 사람들은 본인이 올 한 해 동안에 무엇을 얻고 싶은지, 앞으로 어떻게 살아야 될지에 대해서 고민하고 목표와 계획을 세웁니다. 그런데 이 목표와 계획을 세우기 전에 제가 꼭 말씀 드리고 싶은 건, 과연 동기가 어디서부터 왔는지를 알아야 한다는 것입니다.
많은 사람들이 목표와 계획에는 익숙합니다. 하지만 동기에 대해서 이야기를 나눌 때 실제로 자기 자신을 설득하는 사람들은 그렇게 많지 않습니다. 모두가 그런 것은 아니지만 사회적으로나 집단의 분위기에 휩쓸려서 남들이 다 해서 본인도 해야 한다고 정한 것이기 때문에, 자신이 정말 왜 해야 하는지를 모르는 거예요.

그래서 연말이 되어서 한 해 동안 원하는 것들을 많이 이루었는지를 물을 때, "네, 정말 이루었어요." 혹은 "절반은 이룬 것 같아요"라고 말하는 사람들이 우리 주위에 그렇게 많지 않은 것이라고 생각됩니다.

단적인 예로, 새해가 시작되거나 여름이 되기 전에 많은 사람들이 하는 것이 있죠. 바로 다이어트입니다. 다이어트를 많이 하는 이유는 외적인 영향도 있을 것이고, 건강을 위해서 있을 수도 있고, 일단은 결정하기는 제일 쉬운 것 같아요. 저도 마찬가지입니다. 저도 운동을 하러 피트니스센터에 다니면서 코치님께 물어보니까, 새해가 되면 등록회원 수가 굉장히 많이 있다고 해요. 하지만 실제로 꾸준히 나오는 분들은 10명 중, 한 달이 될 때 7명, 두 달이 될 때 5명, 세 달에 될 때 1~2명 정도밖에 없다고 말합니다.

저는 이런 이야기를 들으면서 생각해 봤습니다. '왜 저들은 다이어트에 실패할까.' 제 자신에게 자문해 볼 때 바로 동기적인 부분들이 굉장히 중요하다는 것을 알게 되었습니다. 정말 그 사람들이 살을 빼고 싶은 이유가 만약에 외적인 부분의 충격이거나 그리고 질병 때문이라면 아마 많은 분들이 다이어트에 성공할 거예요. 그리고 변화된 모습에 더 힘을 내서 꾸준히 운동을 할 거예요. 하지만 많은 사람들이 새해라서, 누가 하기 때문에 혹은 그냥 예뻐지고 싶기 때문에 이렇게 동기를 설정하고 행동으로 옮깁니다. 그 때문에 그 동기에 본인의 노력과 열정을 쏟아붓기가 어렵다는 겁니다. 정확한 동기가 없기 때문에 지속할 수 없는 것이죠.

제가 여러분이 제일 이해하기 쉬운 예를 들어볼게요. 이제 연애를 하면서 서로 다투고 이별하는 상황 속에서 서로 개선점들이 보이고, 그것에 대해 바뀔 것을 요구할 때 "나는 이런 부분을 바꿔야지, 바꿀게"라는 말을 많이 합니다. 하지만 실제로 이 사람의 동기는 어디에서 왔을까요? 단순하게 상대방과 다시 만나고 싶은 것뿐이에요. 만약에 본인의 삶을 바꾸고 싶고, 연인과 정말 재회를 원한다면 동기가 부족해서는 삶은 그렇게 본인이 생각하는 것만큼 바뀌기 어렵습니다.

왜냐하면 동기는 본인 자신에게 있어야 하기 때문에 그렇습니다. 제가 운동과 재회에 대해서 예를 들어서 이렇게 말씀드리는 것은 목표와 계획만큼 중요한 것이 바로 동기이기 때문에 그렇습니다. 동기가 중요한 것은 본인이 열정을 내고 지속적으로 할 수 있기 때문입니다. 그때만이 본인 스스로 납득할 수 있는 계획을 세우고 행동으로 옮길 수 있기 때문입니다.

본인 스스로 납득할 만한 동기를 찾았으면 이번에는 목표와 계획을 정하는 것에 대해서 이야기를 해보겠습니다. 여러분이 이제 본인이 설득이 될 만한 동기가 마련된다면 틀림없이 그것에 따른 목표가 나타날 겁니다.

예를 들어 설명하면 저도 새해가 시작될 때 제가 이루고 싶은 것들에 대해서 휴대폰 메모장에 목표를 적습니다. 제가 제일 많이 보는 것이 휴대폰이라서 메모장에 적은 것들을 바탕화면에 옮겨놓아서 계속 눈으로 볼 수 있게 설정해놨습니다.

저도 몸무게 감량에 대한 목표가 있고요. 그리고 한 달에 책 두 권 이상을 읽고 1년에 최소 25권 이상의 책을 읽고 싶고요. 그 밖에 사고 싶은 것들, 가고 싶은 곳들을 구체적으로 제가 적어놨습니다. 제가 저의 목표를 간단한 예시로 이야기한 것은 여러분의 목표를 어떻게 세우라고 말할 수 없기 때문입니다. 왜냐하면 이 책을 수많은 분들이 보고 있고 제각기 상황이 다르기 때문입니다.

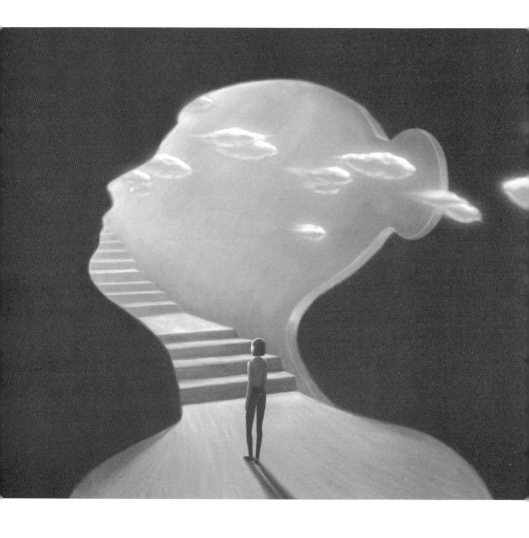

목표를 이루는 세 가지 방법

그럼, 목표를 이루는 계획을 세우는 것들에 대해서 제가 이야기를 해드릴 수 있습니다. 아래의 세 가지를 꼭 기억해야 됩니다.

첫 번째, '이미지화 해라.'
두 번째, '수치화 해라'
세 번째, '데드라인을 정해라.'

다이어트를 원하는 사람을 예로 들어보도록 하겠습니다. 보통 새해가 되면 특히 대부분의 여성들은 다이어트에 대한 열정이 가득합니다. 다이어트 목표를 세워서 피트니스센터에 가서 운동 회원권을 끊습니다. 요즘은 집에서 홈트레이닝도 많이 하고 식단조절도 하는데요. 많은 사람들이 다이어트를 정말 성공하고 싶다면 다음과 같이 해야 합니다.

첫 번째, 꼭 이미지화 해야 합니다. 이게 왜 중요하냐면 눈에 보이는 곳에, '나는 다이어트를 시작했다' 라는 기록을 붙이거나 아니면 본인이 정말 원하는 몸매의 사진들을 눈에 보이게 붙여야 된다는 거죠. 사람은 보는 것에 마음이 가기 때문에 그렇습니다. 그리고 이 보는 것들을 통해서 본인 자신을 리마인드할 수 있기 때문에 그렇습니다.

두 번째, 수치화하는 것이 굉장히 중요합니다. 보통 다이어트에 실패하거나 본인이 원하는 것들을 갖고 싶을 때 실패하는 가장 큰 이유는 수치화를 하지 않았기 때문입니다. "나는 살을 많이 빼고 싶어, 나는 예뻐지고 싶어." 대부분은 이렇게 계획을 세우기 때문에 중간에 포기하게 되는 것입니다.

"나는 한 달 안에 혹은 두 달 안에 2.5킬로그램씩 총 5킬로그램을 뺄 거야." 이렇게 구체적인 날짜와 숫자로 수치화해야 본인을 설득할 수 있는 굉장히 좋은 방법이 됩니다. 제가 동기에 대해서 왜 중요한지 이야기를 했었죠? 본인이 열정을 낼 수 있기 때문이라고 이야기도 했고요. 계획을 세우고 움직일 때 본인 손에 잡히는 계획만이 실행으로 옮길 수 있기 때문입니다. 다른 예를 들면, 올해 안에 자동차를 갖고 싶으면 얼마짜리 자동차를 살지 정하는 겁니다. 그냥 "좋은 차를 사겠다"가 아니라 "나는 금액은 2,000만 원, A회사의 ○○모델 자동차를 사겠다"라고 구체적으로 계획을 세워야 합니다.

세 번째, 데드라인을 정해야 합니다. 다이어트에 이어서 설명을 드리면, "나는 다이어트 해서 정말 예뻐질 거야"가 아니라 "10킬로그램을 5달 안에 빼서 1년 동안 유지도 잘해서 예뻐질 거야"라고 계획 기간을 꼭 설정해야 합니다. "나는 1년 동안 한 달에 100만 원씩 모아서 꼭 B회사의 경차를 살 거야." 이렇게 구체적인 기간을 정해놓으면 좋겠습니다. 이렇게 할 때에만 본인이 삶 속에서 열정을 낼 수 있기 때문입니다.

사람에게 기계처럼 무한대로 지속 가능한 열정은 없습니다. 본인만의 확실한 동기가 있고, 목표를 정하고, 그리고 기간을 정했기 때문에 그 기간 안에서 최선의 열정을 낼 수 있는 겁니다. 동기 다음에 목표와 계획을 세울 때 아래의 세 가지를 꼭 기억합시다.

첫 번째, '이미지화',
두 번째, '수치화',
세 번째, '데드라인'입니다.

이것을 기억하고 그대로 실천에 옮기신다면, 제가 장담컨대 여러분은 정말 원하는 것들과 조금은 더 가까워질 수 있습니다.

'왜'와 '어떻게'를 질문한다

"원하는 것을 얻고, 더 성장하고 싶습니다. 마크 최님이 말하는 것처럼 성장하고 싶은데, 어떻게 하면 더 성장할 수 있을까요"라는 질문을 주신 분들이 많습니다. 그 해법에 대해서 제게 많이 물어보시더라고요. 그런데 저는 여러분의 삶을 살고 있지 않잖아요. 그리고 삶을 사는 주인공은 여러분이잖아요. 저는 전문가이니까 개개인의 상황을 듣고서 콕 집어드릴 수 있습니다. 하지만 그 삶을 사는 사람은 여러분이기 때문에 사실 여러분이 더 정확한 답을 알고 있지 않을까,라는 생각이 들었습니다.

제가 예전에 리더십 트레이닝에서 배운 건데요. 그때 처음 이 말을 들었을 때의 감동이 지금도 잊히지 않아요. 제 마음에 새기는 말 중 하나인데요.
"Why가 강하면 How가 나온다"라는 말입니다. Why, '왜(이유)'가 강하면 How, '어떻게(방법)'라는 것들을 알 수 있다는 겁니다. 한번 우리의 삶에 적용해볼게요. 많은 분들이 남녀노소 누구나 한 번쯤 해봤을 다이어트로 예를 들어보겠습니다.

'살을 빼고 싶어. 나는 왜 살을 빼고 싶지? 더 예뻐지고 싶으니까, 어떻게 하면 살을 뺄 수 있을까'라는 생각을 많이 하고 고민하면서 영상도 찾아

보고, 책도 읽으면서 전문가들의 내용들을 접하게 됩니다. 다른 것도 마찬가지입니다. '내가 돈을 벌고 싶고, 많이 벌고 싶어'라고 하면, 끊임없이 '왜 벌고 싶은데?' '왜 많이 벌어야 하는데?' 왜? 왜? 계속해서 한 단계씩 깊이 있게 질문을 하게 되면 '어떻게'라는 것들은 따라옵니다.

실제로 저와 상담을 하는 많은 사람들 중에서 이미 답을 알고 있는 분들이 꽤 많아요. 왜 그런지 아세요? 당연히 본인이 원했기 때문에 '왜'라는 것을 본인에게 물어봤기 때문에 알고 있는 겁니다.

다만 '왜 내가 이게 안 됐을까?' 특히 재회를 원하는 많은 분들이 있잖아요. 단순하게 '왜'가 없이 '잡고 싶어, 헤어지기 싫어'라는 분들이 많아요. 왜 헤어졌는지, 이유는 알지만 깊이 있게 생각해서 얻은 답은 아닌 거죠.

'내가 왜 헤어졌지?'

'어떻게 하면 이걸 고칠 수 있지?'

'왜'에서 시작되면 '어떻게'로 이어진다는 거죠.

성장하고 싶으신 분들 한번 잘 생각해 보십시오.

'돈을 벌고 싶어요.'

'좋은 대학교를 가고 싶어요.'

묻고 싶은 게 많습니다.

왜(Why) 가고 싶으세요? 본인에게 계속해서 물으면서 끝까지 가면 어떻게(How)가 나오는 겁니다.

'내가 정말 멋진 가정을 이루고 싶어.'

→ 왜 멋진 가정을 이루고 싶은데?

→ 나는 행복하고 싶으니까.

그럼, 행복하려면 뭐를 해야 되는지 나오잖아요.

항상 본인이 무엇을 하든지 'Why'에 대해서 생각하고 행동하기를 저는 추천합니다.

사랑하는 사람이 여러분을 떠났어요, 왜 떠났죠?

여러분이 더 성장하고 싶은데 이 정도 수준에서 머물러요. 그럼 왜 이 정도 수준에서 머물러 있죠?

끊임없이 질문하세요. 그렇게 하다보면 여러분이 원하는 답까지, 적어도 지금처럼 "그냥 나는 생각해봤어. 나는 잘 안 되나 봐"에 그치지 않고, 한 단계 더 나아갈 수 있다고 저는 자신 있게 말할 수 있습니다.

자기 점검을 한다

목표와 계획을 실행하다 보면 본인이 원하는 동기로 목표와 계획을 세웠음에도 아직 습관이 되어 있지 않기 때문에 한 번씩 '내가 정말 잘하는 게 맞나', '이게 맞나' 같은 의문이 드는 순간들이 있습니다.

많은 분들도 공감할 만한 질문을 한번 가져와봤습니다.

"30대 직장인 OOO입니다. 내일 조금 더 좋은 사람이 되어야겠다고 생각한 지가 두 달 정도가 되었습니다. 매일 운동도 하고, 책도 열심히 읽고, 직장에서 일도 열심히 하고 있습니다. 그런데 너무 포괄적인 목표이다 보니까 제가 잘하고 있는지 의문이 듭니다. 혹시 이러한 목표를 잘하고 있다고 자신을 점검하는 구체적인 방법에 어떤 것이 있는지 궁금합니다."

본인을 발전시키기 위해서 행동으로 실천하고 있는 너무 멋진 분이죠? 그리고 본인을 개발하기 위해 여러 가지를 실행하고 있는데, 이때 "내가 지금 잘하고 있는지 어떻게 하면 확인할 수 있고, 더 잘할 수 있을까요"라는 질문이었습니다.

우선은 본인을 한번 체크해보셔야 됩니다. 어떤 것을 체크해야 되냐면,

다음의 세 가지를 먼저 본인한테 물어봤으면 좋겠습니다. 운동을 하고, 책을 보고, 직장생활을 열심히 하는 거, 너무나 중요하죠. 하지만 그것보다 더 중요한 게 있습니다.

첫 번째, 나는 정말 변화를 원하는가?
두 번째, 변화에 따르는 고통을 감내할 수 있는 준비가 되어 있는가?
세 번째, 생활습관을 바꿀 수 있는가?
먼저 이 세 가지로 접근해야 됩니다.

첫 번째, '나는 정말 변화를 원하는가?' 먼저 본인이 본인을 성장시키려면 본인이 정말 원하는 것부터 먼저 찾아야 됩니다. 어떤 사람은 정말 원하는 게 뭐 사랑하는 사람일 수 있고, 어떤 사람은 집일 수도 있고, 또 어떤 사람은 좋은 성품일 수도 있고, 또 어떤 사람은 1억 원이란 현금일 수도 있습니다. 이렇게 수많은 사람들이 제각각 원하는 것이 있을 겁니다.

본인 스스로가 본인에게 정말 원하는 게 무엇이고, 그것을 왜 원하고 변하고 싶은지를 꼭 물어봐야 합니다.

두 번째, '변화에 따르는 고통을 감내할 준비가 되어 있는가?' 많은 분들이 본인이 원하는 것들을 왜 이루지 못하고 포기하느냐면, 첫 번째 원하는 것들은 누구나 다 생각하지만, 두 번째 원하는 것들을 실제적으로 정말 얻기 위해서 그 과정 속에서 고통을 받고, 대가를 지불해야 하는 것까지는 생각하지 않기 때문입니다.

원하는 것을 얻으려면 각오를 다져야 됩니다. 본인이 정말 원하는 게 정해졌고, 본인이 대가지불을 할 준비도 되어 있다면 세 번째, 본인의 삶을 바꾸는 습관들을 만들어나가면 됩니다.

예를 들어서 내가 어떤 자격증을 따고 싶다면 자격증을 따기 위해서 공부를 해야 하고, 공부할 시간을 확보해야겠죠? 그리고 좋은 몸을 만들고 싶다면 운동을 시작해야 되겠죠. 그렇게 이야기를 하면 "마크 최님이 습관을 바꾸라고 했으니까 내가 이제는 습관을 바꿔야지", 하면서 안 하던 운동을 갑자기 하루에 3시간씩 하고, 공부를 하루에 5시간, 10시간씩 해요. 그런 식으로 하면서 직장생활을 하게 되면 결과는 뻔합니다. 아마 금방 포기하게 될 거예요. 저도 그렇게 하라고 하면 힘들어서 못해요. 습관이라는 것은 그렇게 해서 만들어지는 게 아닙니다.

습관은 질보다 양의 문제입니다. 그래서 꾸준하게 할 수 있는 게 더 중요합니다. 예를 들어 운동을 안 하다가 무리하게 일주일에 5일씩 3시간씩 하는 것보다 차라리 1시간씩 7일을 하더라도 지속적으로 매주 꾸준히 하는 게 훨씬 효과가 있다는 거죠.

그리고 공부도 어느 날 느낌이 올 때만 공부하고, 어떤 때에는 우울하거나 날씨가 좋다고 안 해서는 안 됩니다. 적게 하더라도 꾸준히 지속 가능한 습관을 들이기 위해서 본인이 계획을 맞춘다면 훨씬 더 시간을 효율적으로 보낼 수 있다고 생각합니다. 이 세 가지를 꼭 기억하세요.

저도 여러분에게 물어보고 싶은 게 있습니다. 제가 이렇게 목표를 구체화하고 이미지로 만들어보라 하면, "마크 최님, 제가 이미지화 해보거나, 실행하다 보면 이것을 실제 얻지 못하기 때문에 좌절감이 너무 큰 거 같아요. 전 이렇게 못 하잖아요." 이렇게 대답하는 분들이 있습니다.

그러면 다시 한 번 여러분에게 물어볼게요.

여러분이 원하는 것을 얻고 싶을 때,

과연 잘하는 것은 무엇인가?

자신에게 질문해보세요.

제가 올해 책을 30권 읽는 게 목표라고 했는데, 다섯 권만 읽으면 저는 실패한 겁니까? 제가 목표한 것을 다 읽지 못했다고 해서 올해 목표에 실패한 게 아닙니다.

실패란, 본인이 어떤 것들을 이루기를 간절히 원하면서도 그것들을 중도에 멈추는 것입니다. 정말 원한다면 목표를 이룰 수도 있고, 목표에 근접할 수도 있는 겁니다. 다만, 그 목표를 위해서 그쪽 방향을 보고 포기하지 않는 게 중요합니다.

본인이 정말 원하는 것들을 본인의 내면에서 구체적으로 계획하고 이미지화하는 것이 굉장히 중요합니다. 또한 구체적으로 수치화하고 지속적으로 확인해보세요. 그리고 본인이 정말 변화를 원하는지, 대가지불할 준비가 되어 있는지, 본인의 습관을 바꾸고 있는지를 체크해보면, 목표를 이루는 데에 방향성을 잡고 나아갈 수 있습니다. 그렇기 때문에 본인이 어떤 행동을 하는 것과 본인이 원하는 것들을 정확하게 이미지화하면 본인의 행동을 더욱 잘 살필 수 있습니다. 그래야 조금이라도 더 실행이 가능하고 지치지 않을 수 있습니다.

04

변화를 원한다면
(체크 편)

제게 상담을 하는 분들은 대부분 현재 자기 상황을 바꾸고 싶기 때문에 저에게 전화를 합니다. 친구, 직장, 연애, 결혼 그리고 본인의 삶과 앞으로의 삶을 바꾸고 싶어서 저에게 상담을 요청합니다.

여러분, 혹시 '삶은 개구리 증후군'이라고 들어본 적 있나요? 프랑스에서는 개구리가 굉장히 고가에 판매되고 있다고 합니다. 개구리 요리가 있기 때문입니다. 개구리를 요리할 때 특별히 중요한 것이 개구리를 삶는 과정이라고 합니다. 살아 있는 개구리를 뜨거운 물에 바로 넣으면 뜨겁기 때문에 냄비에서 바로 뛰쳐나갑니다. 그런데 이 개구리를 냄비에 넣고 물의 온도를 서서히 높이잖아요? 그렇게 하면 개구리가 물에 자기 체온을 맞춘다고 해요. 1도, 2도, 3도, 점점 높이면서 60 몇 도까지 체온을 올리다가 어느 순간 죽는다고 합니다.

변화를 이야기를 할 때 이 내용이 굉장히 중요한 거 같습니다. 우리는 인생을 살아가고 있고 또 누군가를 만나서 사랑을 시작합니다. 이때 우린 개구리가 온도를 높이는 것처럼 우리의 삶도 삶 속에서 맞춰 나가는 겁니다. 인생 안에서 아닌 것을 알면서도 본인도 모르게 적응하고 있는 많은 것들, 그 안에서 서서히 나를 맞추며 내가 무엇을 원하는지도 잊게 되고, 그 어려움 속에 자신을 고정시켜버리는 것을 저는 타성이라고 말하고 싶습니다.

이 타성 속에서 이미 본인의 세계관, 본인의 인생관, 본인의 연애관이 상담을 통해 만들어진 사람이 의외로 많다는 것을 제가 알게 되었습니다. 그렇기 때문에 그런 것들을 바꾸기가 굉장히 힘든 건 당연하지요.

여러분이 "어떻게 마크 최님은 변화하실 수 있었어요?"라고 묻는다면 저는 오늘도 변하고 싶어서 끊임없이 노력하고 있다고 말하고 싶어요. 저는 원하는 것을 위해 끊임없이 책을 보고, 배우고, 시간을 아껴 쓰면서 자기계발을 위해 노력하고 있습니다.

제가 몇 년 전에, 미국에서 리더십 트레이닝을 한다고 해서 추천을 받고 미국에도 간 적이 있습니다. 제가 미국에 가는 금액과 트레이닝을 듣는 금액을 모두 합해서 500만 원 넘는 금액을 쓴 것 같아요. 어떤 사람들이 볼 때는 미쳤다고, 우리나라에도 많이 있을 거고 비용도 비싼데 무엇 하러 그 돈을 내고 거기까지 가서 리더십 트레이닝을 수강하느냐고 이야기할 수 있습니다. 하지만 제겐 너무나도 좋은 시간이었습니다. 제가 미국이라는 나라에 가서 강연자의 내용을 듣는데, 그분의 삶과 걸어 온 길을 들으니 감정이입이 되어서 듣는 내내 눈물이 나기도 했습니다.

강의를 듣고 너무 감동도 받고 동기부여를 받으면서, 강의 내용을 제 삶에 적용하면서 많은 것들이 바뀐 거 같아요. 그때 제가 강연을 듣다가 강연장을 한번 쭉 둘러 봤거든요? 그런데 100명 중에 한 20명은 자고 있더라고요. 그때 저는 저한테 스스로 물어봤어요. '저 사람들은 왜 이 먼 나라까지

와서 자고 있을까?' '저 사람들은 여기 왜 왔을까?' 부모님의 성화에 못 이겨서 오신 분들도 계실 거고, 좋다고 하니까 한번 들어 볼까, 해서 오신 분들도 계실 겁니다.

그런데 그곳의 수강생들이 느끼는 감정과 제가 느끼는 감정, 그들이 강의를 듣고 변화되는 삶과 제가 이 강의를 보고 변화되는 삶의 수준은 틀림없이 엄청난 차이가 있을 거라고 저는 생각합니다. 제가 잘났다는 이야기를 하고 싶은 게 아닙니다.

무슨 말을 하고 싶냐면, 변화를 꿈꾸시는 분들 중에서 여러 좋은 강의들을 찾아다니는 분들이 굉장히 많이 있습니다. 하지만 강의보다 더 중요한 건 본인 자신일 수 있다는 겁니다. 강의를 받아들이는 본인의 마음 밭이 중요하다는 것들을 저는 말씀드리고 싶습니다.`

당신의 마음의 밭은 어떤가요

요즘엔 유튜브에 책 리뷰나 책에 관련된 정리가 잘된 영상들이 많이 있습니다. 제가 접한 같은 책을 다른 사람들은 어떻게 생각하나 찾아본 적이 있었는데요. 정말 깜짝 놀랐습니다. 같은 책을 읽어도 내용이 이렇게 다르구나, 이 내용을 이렇게 이해할 수 있구나, 라는 것을 알게 됐습니다. 저는 너무나도 좋아하는 작가인데, 댓글에는 한낱 뻔한 내용의 작가라는 욕이 쓰여 있더라고요. 제가 찍는 영상도 마찬가지입니다. 누군가에겐 인생에 대한 이야기가 지루하게 들리기도 하지만 누군가에게는 삶의 전환점이 될 수 있습니다.

좋은 책, 좋은 강연, 좋은 영상이 있더라도 핵심은 그것을 받아들이는 여러분 마음에 있다는 뜻입니다. 정말 변화를 원하는지 본인 마음을 되돌아 볼 필요가 있습니다. 이 변화를 할 때 두 가지 요소가 꼭 필요한 거 같습니다.

첫 번째는 '시간'입니다. 제가 생각할 때 신이 존재한다면 삶을 살고 있는 사람들에게 동일하게 준 선물이 바로 시간이라고 생각합니다. 저도 혹은 이 책을 보고 계신 분들도 저랑 같은 시간을 살고 있습니다. 우리가 아프거나, 죽지 않는 이상, 같은 선상에서 같은 시간을 사용하고 있습니다. 하지만 이 시간을 어떻게 활용하느냐에 따라서 우리는 더 성장할 수도 있고, 아니면 그 자리에 머물러 있을 수도 있습니다.

저는 변화하고 싶은 사람 중에서 특별히 제가 멘토링 해주는 사람들 중에서 항상 체크하는 게 있습니다. 바로 뭐냐면 시간을 꼭 체크합니다.

여러분은 어떤 시간을 살고 계십니까?
여러분은 어떻게 시간을 보내고 계십니까?

제가 만났던, 본인의 삶을 바꾸려고 하거나 바꾼 많은 사람들은 시간을 소중히 사용합니다. 그리고 이른바 아침형 인간이 70%를 차지했습니다. 물론 꼭 아침형 인간이 아니어도 괜찮습니다. 아침형 인간인지 야행성 인간인지는 중요하지 않아요.

다만 절대 게을러서는 안 됩니다. 게으르지 않다는 이야기요. 시간을 정말 알차게 보낸다는 이야기입니다. 또 시간을 알차게 보낸다는 건 뭐냐하면, 시간을 자기가 컨트롤할 수 있다는 것입니다. 본인의 시간을 다른 사람에 의해서 보내거나 낭비하는 것이 아니라, 본인이 원하는 계획에 따라서 시간을 보내는 것을 의미합니다.

보통은 변화될 때, 시간의 사용(질)이 바뀝니다. 여러분이 지금 본인의 삶이 바뀌고 있다고 느낀다면 시간을 들여다보세요. 오늘 하루를 살고 있는 이 시간이 과연 질적으로 높아지고 있나 없나를 보면 본인이 앞으로 변화된 삶을 살 수 있다 없다에 대한 답이 나옵니다. 왜냐하면 오늘 하루가 일주일이 되고 또 일주일이 모여 한 달이 되기 때문입니다. 그게 바로 여러분의 인생이 되는 것입니다. 그렇기 때문에 변화하고 싶은 분들은 꼭 시간을 체크해야 됩니다.

  팁을 드리자면 여러분이 어떻게 시간을 보낼지의 방법을 자주 보는 곳에 시각화해서 붙여놓으세요. 요즘은 휴대폰을 많이 사용하니까 휴대폰 바탕화면에 해놓고 자주 보면서 실천으로 옮기고, 하루가 끝날 때 꼭 평가하십시오. 매일 실천으로 옮겨서 습관으로 만들면 여러분이 시간을 컨트롤할 수 있게 됩니다. 물론 처음에는 습관이 되지 않았기 때문에 어려울 수 있습니다. 하지만 기록하고, 계속 보고 평가한다면 본인이 시간을 어떻게 쓰고 있는지 시간이 어디에서 새고 있는지 알 수 있습니다.

  두 번째는 '시간을 비우고 채우라'는 것입니다. 비우고 채운다는 말이 굉장히 중요합니다. 비운다는 건 어떤 뜻이냐면, 여러분 변하는 게 쉬운가요? 저 역시도 어렵습니다. 그리고 제가 상담해 주는 100명이면 100명 모두 변화를 쉽게 생각하는 사람은 한 명도 없었습니다. 이미 시간 속에서 습관이 됐거나 아니면 타성에 젖어 있기 때문에 변화하기가 굉장히 어렵다는 겁니다.

  하지만 변화를 꿈꾸는 분이라면 비워야 됩니다. 그것은 바로 대가지불입니다. 예를 들어서 '나는 일찍 일어나서 아침에 공부를 할 거야'라고 꿈꾸는 분이라면 아침잠을 줄여야 되겠죠? 이것이 대가지불입니다. 또 다이어트를 꿈꾸는 분들과 몸을 건강하게 바꾸고 싶은 분들은 야식을 먹던 것을 안 먹고, 건강을 위해서 음식을 조절해야 하는 대가지불을 해야 됩니다.

  이처럼 변화를 꿈꾸는 분이라면 본인이 어떤 것을 원하고 그것에 대해 어떤 대가를 지불을 해야 하는지 꼭 적어보기 바랍니다. 정말 변화를 원한다면 받아들여야 합니다. '내가 이런 노력을 해야 되는구나', '내가 이런 것들을 포기해야 되는구나.' 이렇게 구체적으로 적어야 합니다.

이제 비웠고 대가를 지불했다면, 채워야겠죠? 채운다는 건 배우고 훈련해야 한다는 겁니다. 강의를 통해서 아니면 본인의 멘토가 되는 사람에게 혹은 책을 통해서 여러 가지 면에서 배워야 합니다. 저는 이 중에서 추천하자면 책을 권해드리고 싶습니다. 책은 우리의 삶을 엄청나게 바꿀 수 있습니다. 제가 이렇게 말하면 "저, 책 보고 많이 읽었는데도 삶이 안 바뀌던데요"라고 말하는 분들이 있을 거예요.

그런 분들에게 저는 이렇게 말해주고 싶습니다. 여러분은 책을 어떻게 읽으시나요? 그리고 책을 몇 권이나 보시나요? 여러분, 물은 끓는 온도가 존재합니다. 섭씨 1도일 때 절대 끓지 않아요. 2도 때도 마찬가지로 끓지 않습니다. 100도가 되어야 끓습니다. 이걸 바로 임계점이라고 합니다.

물은 끓으려면 온도가 서서히 올라가면서 끓게 됩니다. 하물며 물도 끓는 온도가 있는데, 우리의 삶을 바꾸려면 계속해서 채워줘야 합니다. 한 번 채웠다고 해서 이제 나는 무언가 바뀌었다고 생각하는 분들이 있을 겁니다. 이 책을 보고 계신 분들 중에서도 '이 책을 봤으니까, 나는 이제 할 수 있을 것'이라고 생각하시는 분들이 있을 겁니다.

저는 그런 분이라면 변하기 어렵다고 봅니다. 한 번에 물이 끓지 않는 것처럼 여러분의 삶을 바꾸기에는 한 번은 너무 적다는 것이죠. 임계점에 다다르는 것처럼 지속적으로 배움을 통해 채워야 합니다.

한 가지 더 예를 들자면 변화를 꿈꾸는 분들이 포기를 많이 합니다. "나는 안 되나 봐요. 저는 책을 보고 노력하는데도 안 돼요."

여러분, 포기하지 마십시오. 어린아이가 걷기까지 얼마나 넘어지는지 아십니까? 백 번 아니 천 번, 만 번 이상 넘어집니다. 그렇게 넘어지다 보면 그 아이가 서게 되고 나중에는 걷게 되고, 또 그 후에는 뛰게 됩니다.

우리가 변화하는 과정도 같습니다. 변화를 꿈꿀 때 한 번 채우는 것으로, 한 번 대가지불을 한 것으로 우리의 삶이 바뀐다는 건 착각이라고 생각합니다. 그런 것들이 반복되고 실패를 경험하고, 또 그것이 반복됩니다. 하지만 노력하고 포기하지 않으면 어느 순간 본인이 원하는 삶의 모습으로 바뀌어 있거나 변화되어 있지 않을까 생각합니다.

저는 절대 완벽한 사람이 아닙니다. 완벽해서 영상을 찍거나 책을 쓰는 것이 아닙니다. 저도 여러분과 같이 오늘보다 내일 더 성장하고 싶고, 오늘보다 내일 더 변화되고 싶습니다. 그렇기 때문에 여러분과 같이 공감하는 것입니다. 저도 여러분을 응원합니다. 우리 함께 노력하고 포기하지 않았으면 좋겠습니다. 우리는 오늘보다 내일 더 행복할 수 있습니다.

당신의 자존감은 어떤가요

자존감이 낮아졌을 때는 어떻게 이겨내고, 자기 자신을 아끼고 사랑하는 건 어떻게 해야 하는 게 맞나요?

자존감에 대해서 이야기를 하고 싶습니다. 여러분이 생각하는 자존감은 무엇인가요? 많은 분이 자존감과 자존심을 혼동하고 있더라고요. 자존감은 자기 자신을 어떻게 평가하고 있는지를 말하는 것이고, 자존심은 그것에 수반되는 감정입니다. 말이 어렵나요?

자존감은 자기 자신을 어떻게 평가하고 사랑하고 있는지를 이야기하는 겁니다. 많은 분들과 상담을 하면 자기 자신을 평가절하하고 자기 자신을 사랑한다는 생각 자체를 못 하는 분들도 많습니다. 그럼 자존감과 관련해서 자기 자신을 사랑하는 것은 왜 중요한가를 생각해봐야 할 시점입니다. 자기 자신을 그렇게 사랑하지도 못하고 가치 없게 여긴다면 자존감이 낮은 것이고, 그것에 따른 또 다른 부정적 감정이 자존심으로 나오는 것입니다.

주위를 둘러보면 자존심만 쎈 분들이 많이 있어요. 여기서 말하는 자존심은 본인의 가치 기준에 대한 줏대와 관련된 것이 아니라, 부정적인 감정을 말하는 겁니다. 전형적으로 자존심이 강한 분들은 본인을 보호하기 위해 공격적인 분들이 많이 있습니다. 공격이 꼭 폭력만을 이야기하는 것이 아닙니다.

제가 말하는 것은 언어적인 부분들을 이야기하는 겁니다. 이런 분들은 약해진 자신의 자아가 위협받을까 봐 상대방보다 우위에 있으려고 말로써 상대를 짓밟는다거나, 이와 반대로 아무것도 못하고 상대방에게 끌려 다닙니다. 모두 본인이 본인을 사랑하지 않는 것에서 시작이 되는 겁니다.

"선생님, 정말 모르겠어요. 점점 저 자신이 위축되고 마음이 망가지고 있습니다. 이런 마음에서 어떻게 벗어나야 할까요? 가만히만 있어도, 누군가가 저를 건들기만 해도 막 눈물이 날 것 같아요."

저에게 질문한 분의 사연입니다.

여러분도 본인의 사연이라고 생각하고 한번 들어보세요. 일단 이 분은 심적으로 많이 위축되어 있는 상황입니다. 앞서 이야기했지만, 자존감은 자기 자신을 평가하는 기준이거든요. 그런데 이 자존감은 높을 때도 있고, 조금 낮을 때도 있습니다.

예를 들어 사업을 하는 사람이 사업이 잘되고 있어요. 그러면 자존감이 어떨까요? 높을 수밖에 없겠죠? 사업이 승승장구 하니까 자존감도 하늘 높은 줄 모르고 높을 거예요. 하지만 반대로 사업이 생각만큼 잘 안 될 때, 자존감은 낮아질 수밖에 없어요.

아까 사연을 주신 분께서는 자기 자신을 아끼고 사랑하려면 어떻게 해야 할지, 그리고 많이 위축되고 마음이 망가지고 있다고 이야기했습니다.

이 사연을 주신 분과 이 책을 보고 계신 분들이 먼저 무엇을 해야 되냐면 본인을 여유롭게 놔두면 좋겠습니다. 무언가를 계속적으로 해나가야 된다는 생각을 내려놓고 자기 자기를 돌아보는 시간을 가져보세요.

본인이 정말 원하는 삶이 어떤 삶이지, 그리고 본인이 어떤 인생을 살고 싶은지, 본인이 원하는 것을 찾았으면 좋겠습니다. 거기서부터 시작하면 됩니다. 본인이 원하는 것들을 찾고, 그것을 가지고 본인이 하나, 둘, 셋 목표를 정하고 실행으로 옮겨나가면 자기 자신을 찾아가는 데 유익하지 않을까 생각합니다. 그리고 본인이 위축되고 마음이 망가지고 있다고 해서 마음에서 벗어나려고 애쓰지 말고, 마음을 먼저 있는 모습 그대로 받아들이세요.

"내가 지금 이런 상황이구나. 내가 지금 이런 모습이구나. 내 마음이 지금 이렇구나." 그 마음을 그대로, "그래, 그런 마음이 들 수 있어 괜찮아. 이런 나의 모습도 인정하고 받아들이자"라는 식으로요.

자기 자신을 사랑한다는 것은 무슨 일이 있어도 자기 자신의 편에 서주는 것, 배려와 존중을 자기 자신에게 먼저 해주는 것, 여기서부터 변화는 시작될 수 있습니다. 본인의 마음을 그대로 인정하고 여유를 가지세요. 본인이 간절히 원하는 것들을 찾아보고, 원하는 것들을 하나둘씩 행동으로 옮기면 본인도 몰랐던 또 다른 본인을 만날 수 있습니다.

자기 자신을 사랑해주세요. 사랑하는 사람을 사랑해주는 것처럼 자기 자신에게도 관심을 가지고, 격려와 칭찬도 아끼지 마세요. 자기 자신이 먼저 있어야 다른 사람을 온전히 사랑할 수 있습니다.

당신은 모든 것을 잘할 수 없다. 인정하라

제가 이렇게 이야기하면, '아니, 자기계발 이야기하면서 계속 성장하자고 하고 긍정적으로 생각하라더니 갑자기 다 잘할 수 없다고? 무슨 소리지'라는 생각이 들 겁니다.

제게 상담을 받거나 수업을 듣는 분들은 모두 뭐든 다 잘해야 된다고 생각합니다. 그래서 사랑도 완벽하게 해야 되고, 본인의 삶에 있어서도 많은 부분들을 완벽하게 해내야 된다고, 제게 이야기를 해요. 물론 저도 그런 마음이 있죠. 하지만 그게 현실적으로 불가능하다는 걸 누구보다 잘 알고 있습니다. 아마 여러분도 알겠지만 현실을 인정하고 싶지 않은 거겠죠?

저는 그런 분들에게 말합니다. 사람은 본인이 잘할 수 있는 것과 잘하고 싶은 일이 있다고요. 사람에게는 누구나 장단점이 존재하기 때문에 그래요. 하지만 사람들은 장점만 많았으면 좋겠고, 단점은 없었으면 좋겠다고 생각하면서 살죠.

제가 굉장히 좋아하는 이론인데 '팔레토 이론'이 있습니다. '20 대 80'을 강조하는 원리입니다. 어떤 중요한 20%가 나머지 80%를 결정한다는 뜻인데요. 20%의 사람이 80%의 사람들을 먹여 살린다, 20%의 아이디어가 80%의 아이디어를 뛰어넘는다는 식으로 경제적으로 접근하는 분들이 많습니다.

여러분도 팔레토 이론에 대입해서 생각해봐야 합니다. 우리가 상대방에게 보여주는 100%의 모습이 아니라, 20% 모습으로 사람의 전체적인 것을 판단한다는 겁니다. 이것이 팔레토 이론입니다.

우선 본인이 상대방에게 모든 것을 다 잘할 수 없다는 것을 인정해야 돼요. 여러분이 누군가를 만날 때, 그는 본인에게 백마 탄 왕자여야 되고, 그는 본인에게 완벽해야 된다고 생각하면서 만난다면 오래 만날 수가 없어요. 왜냐하면 이 책을 보는 여러분도 부족한 부분이 있는 사람이기 때문에 그렇습니다.

다만 20%가 80%를 결정하기 때문에 20%를 과연 어떻게 보여줄까를 고민해야 됩니다. 연애뿐만 아니라, 본인이 앞으로 삶을 살고, 인간관계를 맺을 때 등, 여러 가지 면에서 적용이 되기 때문입니다.

오늘 하루의 24시간을 전부 보는 게 아니라 본인이 집중해서 사는 20%의 시간이 여러분의 80%를 결정한다는 겁니다. 그러니 여러분은 20%의 시간을 어떻게 집중해서 쓰고 있는지, 그리고 사랑하는 사람에게 어떤 20%의 모습을 보여 주고 있느냐는 거예요. 우리는 모든 것을 잘할 수 없기 때문에 어느 하나에 집중해야 되는 거죠.

본인의 장점이 무엇인지 알고 그것에 더 집중하면 단점이 극복이 되는 거예요. 물론 극복이 안 되는 사람들도 있습니다. 이건 사람들에 따라서 모두 다르기 때문에 옳고 그른 것은 없습니다. 하지만 장점을 계발하는 데 더 많은 에너지를 써야 됩니다.

그래서 저는 수업할 때에도, 실제로 수많은 사람들 모두에게 영향력을 끼칠 수 없는 걸 알기 때문에 그 중에서 가장 간절하고 빛나는 20%의 사람에게 더 집중하고, 제 시간을 그분들에게 씁니다. 그게 훨씬 더 삶을 효과적으로 살 수 있기 때문에 그렇습니다.

여러분, 다시 한 번 잘 생각해 보세요. 20%와 80%, 여러분은 과연

20%에 어떻게, 얼마나 시간을 투자하실 겁니까?

무엇이 문제인가

지금 본인의 삶에 문제가 있다고 느끼시는 분들이 의외로 많을 거예요. 물론 저에게도 그런 문제들은 항상 나타납니다. 그리고 나이를 먹으면 먹을수록 본인의 능력이 커지면 커질수록 그것에 맞는 문제들이 우리 앞에 계속 나타납니다. 그렇다면 이 문제를 어떻게 해결해야 될까를 고민해 보신 분들이 많이 있을 텐데요.

첫 번째, 문제를 해결하려면 이 문제를 누가 만들었나를 알아야 합니다. 이 문제는 과연 누가 만들었나? 다른 사람이 내게 주었나? 아니면 본인이 직접 이 문제를 만들었나를 알아야 됩니다. 그런데 여러분, 그거 아십니까? 여러분에게 벌어지는 문제들은 모두 본인이 스스로 만든 겁니다. 여러분이 만든 거예요. 누구 핑계를 댈 수 없습니다. 이 문제를 해결할 수 있는 건, 누구냐면 바로 본인 자신입니다. 이것을 빨리 인정해야 됩니다.

두 번째, 이 문제에 대해서 영향력을 받을 수 있는 것도 본인이고, 영향력을 받지 않는 것도 본인이라는 것을 인식해야 합니다.

세 번째, 사람의 크기는 훈련을 통해서, 경험을 토대로 보고 듣는 것들이 확장된다는 것을 알아야 합니다.

그럼 첫 번째부터 설명해보도록 하겠습니다. 문제를 누가 만들었다고 했죠? 바로 본인이 만든 거예요. 이렇게 이야기하면 많은 분들이 반박하실 수 있죠. 본인이 만든 게 아니라 타인이, 환경이 만들었다고 이야기할 겁니다. 그 말도 맞아요.

저도 겪어봐서 여러분의 마음을 모르는 게 아닙니다. 제게 벌어졌던 많은 인생의 문제들은 제가 만든 거였어요. 심지어 부모님이 아프셔서 빚을 지셨더라도 그게 제게 온 거니까 저의 문제잖아요. 그러면 이때 우리는 결정해야 됩니다.

예를 들어서 스타벅스의 아메리카노 커피를 문제라고 생각할게요. 제가 커피를 6000원을 지불하고 샀어요. 그리고 받아 왔겠죠? 이제 커피가 제 앞에 있습니다. 저는 이 커피를 이렇게 마실 수도 있고, 저렇게 마실 수도 있고, 그냥 놔둘 수도 있어요. 방법은 제가 선택할 수 있기 때문에 그렇습니다. 이것이 감정일 수도 있고, 문제일 수도 있어요. 그리고 이걸 옆으로 밀어 놓을 수도 있습니다. 왜? 이것의 주인은 누구죠? 바로 저 자신이기 때문에 그렇습니다. 누군가가 밀어 달라고 해서 되는 게 아니라, 이건 제 것이기 때문에 제가 이 커피를 밀면 끝나는 겁니다. 더 쉽게 이해를 할 수 있게 설명을 해볼게요.

저는 세 번째로, 사람은 훈련을 통해서 성장한다고 이야기했습니다. 훈련이라는 건 본인이 문제를 보기 좋게 해결하려고 노력하는 행동과 습관들이 쌓이고 쌓인 것으로서, 이것을 통해서 본인이 문제보다 조금씩 더 커지게 되어 있습니다.

특별히 재정으로 예로 들어볼게요. 10만 원을 잃어 버렸다고 가정해볼게요. 엄청난 문제죠. 제가 초등학교 때 10만 원 잃어버린 적이 있었는데,

세 달 동안 잃어버린 10만 원이 눈앞에서 아른거렸어요.

여러분에게도 물어볼게요. 초등학교 때 10만 원 없어지면 어떻습니까? 하늘과 억장이 무너지는 거 같지 않나요? 우리가 성인이 된 지금, 10만 원이 없어지면 어떤가요? 짜증도 나고 돈도 물론 아깝지만, 그것 때문에 인생이 송두리째 움직이진 않잖아요? 왜 그럴까요? 이 10만 원이라는 문제보다 본인이 더 큰 사람이 되었기 때문에 그렇습니다. 그리고 이 10만 원이라는 문제가 더 이상 자기 자신에게 문제로 인식되지 않기 때문에 그렇습니다.

이것을 문제로 인식하는 방법이 있죠. 계속 '나에게 이건 문제야, 문제'라고 입으로 말하고 생각하면 문제가 되겠죠. 하지만 계속 그렇게 하기도 힘들어요. 왜냐하면 난 이미 이 문제보다 더 큰 사람이 되었기 때문입니다.

당신의 문제는 당신보다 클 수 없다

이게 어떤 의미냐 하면요. 문제를 다스릴 수 있는 방법 중에 가장 빨리 해결할 수 있는 방법은, 본인이 문제를 만들고 본인이 문제를 품을 수도 있고 또는 버릴 수도 있다는 것을 알고 본인이 문제보다 큰 사람이라는 것을 깨닫는 거예요. 그러면 더 이상 문제가 본인에게 영향력을 발휘할 수 없게 됩니다. 그때부터 스스로 문제를 어떻게 해결하면 좋은 방향인지에 대해서 더 적극적으로 고민하게 됩니다. 그런 경험들이 쌓이고 쌓여서, 나란 사람이 커지게 되는 겁니다.

여러분도 다 경험이 있을 거예요. 예전에 본인을 힘들게 했던 문제들이 당시에는 문제가 너무 커 보이고 힘들었지만, 결국 극복했잖아요. 물론 극복하지 못할 수도 있고 회피할 수도 있어요. 그래도 경험이 쌓여서 처음보다는 조금 더 넓은 시야를 갖고 해결할 수 있지 않을까 생각합니다. 저에게 더 이상 문제는 문제가 아니에요. 제가 문제보다 더 성장했기 때문입니다.

여러분이 지금 문제 때문에 힘들다면 한번 자기 자신에게 물어보세요. 그 문제를 누가 만들었는지, 그 문제를 본인이 버릴 수도 있고 또는 품을 수도 있는 사람이 본인은 아닌지 말입니다. 문제는 본인이 만들었기 때문에 문제는 자기 자신보다 클 수 없습니다. 이것만 기억하면 문제를 바라보는 관점 자체를 바꾸어서 좋은 결과를 얻을 수 있다고 말하고 싶습니다.

'문제를 문제라고 바라볼 때 문제는 시작된다.' 잊지 마세요!

멘토가 필요한 이유

이제 여러분이 흔히 착각하는 것 중의 하나가 여러 가지 자기계발 영상과 책을 보면서, 그 내용을 모두 아는 것이라고 여기는 것입니다. '원하는 것을 벽에 붙여라', '긍정적인 생각을 해라' 등은 모두 아는 것들이라고 말이에요. 저는 그렇게 말하는 분들에게 이렇게 이야기해요.

"사람이 안다고 할 때 정말 모르는 거예요."
모두 알고 깨달았다고 말하는 분들은 사고가 닫힐 수 있습니다.

저는 그렇게 이야기하는 분들에게 본인을 성장시켜 줄 수 있는 멘토를 만나라고 말해요. 우리가 왜 멘토를 만나야 하냐면 본인의 삶을 바꾸고 싶을 때 누군가에게 영향력을 받아야 하기 때문이에요. 본인이 누군가로부터 어떤 자극을 받아야 변할 수 있는 거예요. 그런데 제가 이렇게 멘토를 이야기하면 많은 사람들이 생각할 때 멘토를 사람으로만 생각하는 분들이 참 많아요. 실제로 멘토라는 것은 사람일 수도 있지만, 저에게 최고의 멘토는 책이에요. 책은 늘 제가 항상 이야기하는 것 중의 하나예요.

매해 책을 읽는 목표를 적고 올해의 목표는 책을 40권을 읽는 것이고, 지금 이미 한 30권 넘게 읽은 거 같네요. 아마 올해는 책을 한 50권 정도까지 읽지 않을까 생각합니다. 책은 저에게 있어서 최고의 멘토입니다. 그리고 요즘은 유튜브 영상에도 전문가 분들의 질 좋은 콘텐츠들이 많기 때문에, 제가 보는 영상들도 저한테는 멘토입니다.

그리고 저에게는 최고의 멘토인 짐 론 선생님이 계세요. 자기계발서나 성공한 분들의 책에서 짐 론이라는 이름을 본 분들이 있을 거예요. 저뿐만이 아니라 많은 성공한 분들이 짐 론 선생님을 멘토라고 말해요.

그런데 소름 끼치는 이야기 하나 해드릴까요? 짐 론 선생님은 저를 몰라요. 제가 누군지도 모를뿐더러 저라는 사람이 있다는 것도 모르겠죠(짐 론 선생님은 2009년에 서거하셨습니다). 그런데 저는 그분이 찍은 영상들과 책을 보면서 제 인생에 제가 닮고 싶은 롤모델이 그분이라는 생각을 처음으로 하게 됐어요.

지금 여러분이 진짜 성장하고 싶다면 본인이 되고 싶은 사람부터 빨리 찾아야 돼요. 정말 도움 많이 될 거예요. 찾고 나서 그때부터 어떻게 하면 되는지 아세요? 그 사람을 흉내 내면 돼요. '그 사람은 어떻게 해서 그런 생각을 할 수 있었을까?' '이 사람은 과연 어떻게 삶을 살고 있지?' 그 사람을 따라 하면 됩니다. 그러다 보면 비슷해실 거예요.

그렇지만 그렇게 하기가 정말 쉽지 않죠. 왜? 본인이 이미 아주 오래전부터 습관이 안 됐기 때문입니다. 조금만 현실적인 문제에 맞닥뜨리면 잊어

버리거나 손 놓고 포기해 버리기 때문이죠. 정말로 간절한 사람은 이 책을 보고 있는 분들 중에서도 100명 중에서도 1명? 아니면 한 200명 중에 1명 정도만이 정말 삶을 바꿀 수 있을 거예요. 간절히 원한다면 멘토를 빨리 찾아야 돼요. 많은 분들이 저에게 이렇게 말해요.

"저는 성장하고 싶고, 변하고 싶어요."

하지만 그것에 따르는 어떠한 노력도 안 해요. 말로만 다 안다고 바뀌고 싶다고 하고, 정작 이 뇌를 채우고 사고를 바꾸는 데 최선을 다해서 노력하지 않아요. 그러니까, 죄송하지만 지금의 생활 모습으로 그렇게 사는 거예요. 지금의 삶과 소득에 만족하고 있기 때문에 변하지 않는 거예요.

여러분이 정말 알고 있으면 그렇게 살 수 없어요. 이해가 쉽게 예를 들어볼게요. 뱃살 빼고 싶어서 유튜브 영상으로 다이어트 하는 방법을 찾아봐요. 그럼 정보들을 봤으니까 알겠죠. 그렇다고 해서 뱃살이 빠지던가요? 뱃살을 빼고 싶어서 피트니스센터에 가야 되는 거 알아요. 그래서 가기만 했어요. 그렇다고 살이 빠지던가요?

다 같은 원리입니다. 안다는 건 그런 거예요. 여러분이 다 알고 있었다면 저에게 상담하는 일은 없었을 거예요. 왜냐하면 다 알고 있기 때문에 본인이 아는 것을 토대로 실행으로 옮기는 삶을 살고 있으니까요.
정말 변화를 원하고 알고 싶은 것을 아는 것으로 만들고 싶다면 멘토를 빨리 찾으세요. 지금 여러분이 가지고 있는 기존 사고방식과 습관으로는 혼자 바꾸기 어렵습니다. 저처럼 멘토로 삼는 분을 찾아도 되고, 유명한 분 아니면 책 또는 유튜브 전문가 등, 본인이 닮고 싶은 분을 멘토로 삼으세요.

그래도 '저는 찾기 어려워요'라고 이야기한다면, 여러분에게 제가 그런 사람이 됐으면 좋겠습니다. 마크 최라는 사람이 조금이라도 좋은 영향력을 끼칠 수 있었으면 합니다.

원하는 것을 얻는 법 (행복도 능력)

행복은 선택적 능력이다

행복이 능력이라는 건, 상황 속에서 어떻게 해석하느냐에 따라서 행복의 관점이 달라진다는 뜻입니다.

여러분, 행복하세요? 오늘보다 내일 더 행복해지기를 원하나요? 저는 그렇습니다. 저는 오늘 너무 행복하고, 오늘보다 내일 더 행복한 삶을 살고 싶습니다. 저뿐만 아니라 제 주위 분들도 그리고 제게 상담을 받으시는 많은 분과 지금 이 책을 읽고 있는 모든 분이 오늘보다 내일 더 행복하셨으면 좋겠다는 마음으로, 이렇게 글로 이야기를 전하고 있습니다.

행복이라는 기준점을 찾기란 참 어려운 거 같아요. 서점에 많은 책들도 있고, 수많은 강연자들이 행복이라는 주제로 이야기를 나누지만, 행복이라는 게 너무 상대적이기 때문입니다. 어떤 사람은 좋은 것들을 얻었을 때 행복하신 분들도 있고, 또 어떤 분들은 자기가 목표한 것들을 이루었을 때 행복한 분들도 있고, 또 어떤 분들은 자식이 커나가는 모습을 보면서 행복하신 분들도 있을 겁니다.

이렇게 사람마다 행복의 조건들이 굉장히 다양하기 때문에 행복이 무엇이라고 단정을 지을 수 없습니다. 예전에 제 멘토께서 제게 "나에게 행복이란 능력인 거 같아"라는 말씀을 해주신 적이 있습니다. 제가 이 이야기를 처음 들었을 땐 이해가 되지 않았습니다.

제 생각에, 좋은 대학교를 나오고, 좋은 집에 살며, 좋은 옷을 입고, 좋은 외제차를 타고 다니며, 그리고 누가 봐도 잘 벌고, 잘 쓰는 사람이 능력 있는 사람이었거든요. 그때는 제가 어려서 이해를 못 했어요. 멘토께서 능력의 뜻을 저에게 풀어서 설명해주실 때 비로소 이해하게 됐습니다. 그 이야기를 저도 여러분과 나누고 싶습니다.

여러분, 행복은 선택적 능력이에요. 이 말이 의미하는 것을 예를 들어서 설명할게요.

오늘 저와 같은 삶을 살고 있는 사람이 있어요. 그리고 어떤 사건이 일어났어요. 저는 이 사건들을 통해서 행복이라는 감정을 느끼지만, 그 사람은 사건을 통해서 행복이라는 감정을 느끼지 않을 수 있다는 거예요. 제 생각에, 타인이 저를 보며 신기해하는 부분이 있어요. 저는 맛있는 음식을 먹을 때 너무 행복해요. 그런데 다른 사람들 중에는 그게 이해가 안 되는 사람들이 있어요. 저와 다르게 음식에 관심이 없는 분들도 있으니까요. 저는 음식을 먹을 때 행복 수준이 굉장히 높아요. 특별히 고기를 먹을 때, 고기 중에서도 삼겹살을 굉장히 좋아합니다. 그런데 다른 사람들은 고기는 그냥 고기일 뿐이래요. 물론 제 생각에 공감하시는 분들도 있을 거예요.

제가 지금 고기를 이야기하는 것은 어떤 사건이나 일이 생길 때 그것을 해석하는 능력과 관련되기 때문이에요. 고기를 먹을 때 행복감으로 해석하거나, 다른 사람은 일상적인 의식주 중의 하나로 해석하거나, 이렇게 서로 다르게 판단할 수 있다는 겁니다.

더 나아가 행복이 능력이라는 말은, 어떤 사건과 어떤 일이 벌어질 때 이런 것들을 해석해서, 행복감을 느끼게 해석하느냐 아니면 불행하게 느끼게 해석하느냐, 하는 것을 본인이 결정할 수 있다는 의미를 포함합니다.

특히 연인과 헤어진 분들 또는 재회를 원하는 분들이라면 이별의 관점도 다르게 볼 수 있다는 겁니다. 물론 그 순간에는 이런 말들이 들리지 않을 수도 있고, 감정적으로 힘들 수 있습니다. 하지만 슬픔을 넘어서 우울과 좌절감에 빠져서 일상생활까지 지장을 받는 분들이 많다는 게 문제예요. 여기서 우리가 그렇게 불행한 단계까지 내려가지 않아도 된다고 이야기하고 싶어요.

"나는 지금의 연애를 통해서 많은 것을 배웠고, 앞으로 같은 실수를 반복하지 않을 거야. 그리고 더 멋진 사람과 사랑을 할 거야."

이별의 해석을 다르게 받아들이면 불행에서 행복의 단계로까지 나아갈 수 있는 거죠. 하지만 어떤 사람은 본인이 잘못해서 이런 문제 때문에 본인이 사랑하는 사람이 떠났고 그래서 너무 힘들고 불행하다고 이야기한다면, 그 사람은 끊임없이 불행해지는 사람이 된다는 의미입니다. 제가 말하는 행복과 행복이 능력이라는 건 상황 속에서 어떻게 해석하느냐에 따라서 행복의 관점이 달라질 수 있다는 겁니다.

매일 일상적인 생활들이 반복되고 크게 달라질 것 없는 삶이라고 생각할 수도 있습니다. 하지만 그 안에서도 틀림없이 우리가 행복을 발견할 수 있고, 행복을 신택할 수 있습니다. 여러분도 능력이 있는 사람이 됐으면 좋겠습니다.

영화 <보헤미안 랩소디>(2018)를 제가 다른 관점에서 보고 느꼈던 것을 여러분과 나누고 싶습니다. 영화를 본 분들은 다 아실 거예요. 정말 음악이 끝내줍니다. 저는 음악을 좋아하고 노래가 너무 좋아서 그 영화를 3번 봤어요. 볼 때마다 조금씩 다른 감동이 저에게 다가오는 거 같아요. 여러분은 어땠나요? 전반적으로 평이 좋다보니 여러분도 저처럼 만족했다고 생각됩니다. 음악은 워낙 유명해서 다들 알고 있죠? 음악 이야기는 여기까지 하고요.

지금부터는 제가 음악 이야기하려고 하는 것이 아니라, 저는 자기계발에 관심이 많기 때문에 이 영화에서도 자기계발과 연관된 부분이 있어서, 그 이야기를 여러분과 나눠보려고 합니다. 영화를 보지 않아서 모르는 분들도 있을 거예요.

그런데 영화를 본 분들이라면 이 장면을 기억하는 분들이 있을 거예요. 영화의 한 장면 중에 주인공이 아버지와 대화하는 첫 번째 장면입니다. 주인공의 아버지가 조금 고지식한 분인 같아요. 아버지가 주인공에게 이런 이야기를 합니다.

"나는 생각한다. 좋은 생각, 좋은 말, 좋은 행동이 정말 중요하다."

그때 주인공이 아버지를 바라보는 표정과 아버지를 대하는 표정은 마치 요즘 말로 소위 꼰대라는 단어를 연상시키죠. 그러면서 아버지가 너무 FM, 즉 교과서적으로 이야기하니까, 학교 교장 선생님들이 할 법한 훈화 이야기를 본인에게 하고 있다고 생각해서 주인공은 아버지의 이야기를 더 안 듣죠.

그리고 영화가 끝날 때쯤 마지막 콘서트를 하러 갈 때 주인공이 가족들을 만나러 옵니다. 그때 아버지를 보면서 이런 말을 하죠. "아버지가 저에게 말해줬던 좋은 생각과 좋은 말과 좋은 행동에 대해서 이제 공감합니다"라고 말하고 마지막 콘서트 장으로 떠납니다.

그 장면이 저한테 굉장히 충격적으로 다가왔어요. 왜냐하면 제가 심리상담일을 하기 때문에 그런가 봐요. 많은 사람들이 본인의 성장에 관심이 많습니다.

"제가 어떻게 인생에 대한 계획을 짜면 좋을까요?"
"제가 어떻게 해야 성장할 수 있을까요?"
이런 질문을 많이 질문합니다. 저는 이 영화에 그 해답의 비밀이 있다고 생각합니다.

좋은 생각과 좋은 말과 좋은 행동

이제 제 영상을 많이 보신 분들은 알겠지만, 상대방에 대해서 알고 싶으면 저는 두 가지를 보라고 이야기합니다. 상대방이 하는 말과 행동을 보라고 이야기했죠. 사람이 성장하려면 평소에 하던 말과 말하는 것이 달라야 하죠. 그리고 행동이 변화되어야 된다는 거예요. 그래야 상대방이 본인이 변하고 있으며 성장하고 있는지를 알게 되는 겁니다. 그리고 중요한 건 본인도 변화를 깨닫게 된다는 겁니다.

"내가 힘들 때 인생을 비관하고 부정적인 이야기를 했는데, 지금은 긍정적인 말로 바뀌었네. 그리고 예전에는 힘든 일 있으면 그냥 포기하고 무기력했지만, 지금은 맞서 싸우고 나를 발전시키기 위해 노력하네.”

이렇게 행동이 바뀌는 겁니다.

이렇게 바뀌려면 단순하게 '좋은 생각을 많이 하라고 했으니까 좋은 생각만 해야지'에 그쳐서는 안 됩니다. 물론 좋은 생각을 하는 자체만으로도 좋지만 전제 조건이 있습니다.

제일 중요한 것은 생각이 바뀌어야 합니다. 생각 중에서도 특히 왜 바꾸려고 하는지에 대한 동기를 바꾸라고 말씀드리고 싶습니다. 사람이 성장할 때 동기가 굉장히 중요합니다. 그래서 많은 사람들이 새해가 될 때마다 대한민국의 전 국민의 절반 이상이 목표를 세우죠. 하지만 연말이 되어서 한 해를 돌아보면 목표를 이룬 사람은 많이 없죠. 왜냐하면 동기 자체가 새해였기 때문입니다.

여기에 바로 좋은 생각에 대해서 다시 한 번 생각할 수 있는 계기가 있습니다. 좋은 생각이라는 것은 본인의 인생에 대해서 다시 한 번 구체적으로 생각하는 겁니다. 본인의 비전에 대해서 그리고 본인에게 사랑의 의미는 무엇인지에 대해서 생각하는 것이 좋은 생각입니다.

좋은 생각을 많이 하게 되면 좋은 말이 나오게 되는 겁니다. 그것들을 본인이 듣기 때문에 자기 자신을 살리는 말이 되고, 다른 사람을 살리는 말도 될 수 있습니다.

하나의 예를 들어보겠습니다. 결혼을 한 가정이 있어요. 남편이 아내에 대해서 좋은 생각을 가지고 있습니다. 아내를 사랑하고 존경하는 마음이 있는 거죠. 그런 마음을 가지고 있는 남편이 아내에게 폭언이나 폭력을 휘

두를 수 없습니다. 그와 반대로 생각 속에 부정적인 생각이 있기 때문에 폭언과 폭력을 서슴없이 행한다고 저는 생각합니다. 생각을 통해서 말과 행동이 밖으로 드러나게 되는 겁니다.

그렇기 때문에 적어도 이 책을 읽고 있고 성장하고 싶은 분들이라면 꼭 좋은 생각을 가지십시오. 자기 자신의 비전과 삶에 대해서 긍정적으로 생각하고 행동한다면, 그리고 더 나아가 다른 사람을 살릴 수 있는 생각을 갖는다면, 주위에 있는 사람들을 여러분은 살릴 수 있습니다.

마지막으로 말씀을 드리자면, 제가 예전에 사람은 세 가지 유형의 사람이 있다고 말한 적이 있어요. 레오나르도 다빈치(1452~1519)의 명언인데요.

"보려는 사람, 보여주면 보는 사람, 보여줘도 안 보는 사람."
적어도 보여주고 싶은 사람이 되고 싶다면 우리는 생각하는 것들을 바꿔야 합니다.

여러분은 어떤 사람이 되고 싶나요?

05

관계 및 타인

위의 장에서는 우리의 삶이 어떻게 만들어지고 자기 자신의 변화를 위해서는 무엇을 바꿔나가야 하는지, 왜 우리 자신의 내면의 사고방식이 그토록 중요한지를 다뤄봤습니다. 이번 장에서는 타인과의 인간관계에 대한 이야기를 해볼까 합니다. 우리가 인생을 살 때 각자의 삶의 모습은 제각기 다릅니다. 하지만 누구나 공통 관심사가 있습니다. 그것은 바로 행복과 성공입니다.

어떤 이들은 부자가 되어야 성공한 것일 수 있고, 누군가는 안정적인 가정을 이루고 싶어 하기도 하고, 누군가는 사람들에게 선한 영향력을 끼치는 것이 성공과 행복의 조건이기도 합니다. 이때 우리가 알아야 할 것은 우리가 추구하는 성공과 행복의 기준은 각자 다르지만 공통으로 들어가야 할 것이 있다는 것입니다. 그것은 바로 '사람'입니다. 사람 안에서 우리의 성공과 행복이 만들어지기 때문에 그렇습니다.

제 주위에는 사람 때문에 힘들어하는 분들이 상당히 많습니다. 그로 인해 사람들이 무서워지고 인간관계 자체를 어려워하고 심지어 두려워하는 사람들도 많습니다.

그럼 당신은 왜 인간관계를 무서워하고 어려워하느냐고요?

그 이유는 무엇일까요?

바로 사람에 대해 모르기 때문입니다. 자신을 모르고 상대를 모르니, 상대가 두렵고 어려움을 느끼는 것은 너무나 당연합니다.

예를 들어 스노쿨링을 할 줄 모르고 바다에 던져진다면 물에 들어가기 전까지 우리는 얼마나 두려울까요. 그리고 물에 들어가서도 우리는 물을 많이 먹게 될 것입니다. 하지만 장비를 다루고 호흡법을 배우고 우리가 물 안에서 안전하다는 것을 배우고 알아간다면, 더 이상 스노쿨링은 두려움이 아닐 것이고 즐거움을 주는 하나의 레저가 되는 것이지요.

인간관계도 마찬가지입니다. 배우고 아는 만큼 보이는 것이지요. 이번 장에선 사람에 대해 인간관계란 무엇인지 알아가는 시간을 갖도록 하겠습니다.

따라 오시죠.

세 가지 유형의 사람들

'보려는 사람, 보여주면 보는 사람, 보여줘도 안 보는 사람.'

저는 개인적으로 예술가이자 철학자 그리고 과학자인 다재다능한 레오나르도 다빈치를 좋아합니다. 이 분의 삶 속에는 아주 좋은 명언들이 참 많습니다. 그 중에서 저는 사람의 세 가지 종류에 대해서 이야기하고자 합니다.

사람에게는 세 가지 유형이 있다고 합니다. '보려는 사람, 보여주면 보는 사람, 보여줘도 안 보는 사람.' 처음 이 글을 보았을 때 많은 생각을 하게 됐습니다. 저도 상담을 하면서 큰 틀로 볼 때 사람에게는 세 가지의 유형이 있다고 생각하게 됐습니다.

첫 번째는 자기의 성장을 위해서 끊임없이 노력하고, 고민해서 방법을 찾는 사람(보려는 사람).

두 번째는 어떤 조언을 듣고, 마음에 그것을 새겨서 삶을 바꿔 나가는 사람(보여주면 보는 사람).

세 번째는 본인이 틀림없이 어떤 부분에서 변해야 하고, 바꾸어야 해도 인정하지 않고 고집대로 살아가는 사람(보여줘도 안 보는 사람).

이렇게 세 가지 유형이 있다고 생각합니다.

첫 번째는 누군가 말해 주지 않아도 본인의 부족한 부분들을 본인이 가장 잘 알고 있는 사람입니다. 그리고 계속 본인의 빛나는 삶을 위해 성장하고 싶어 하는 사람들이 있습니다. 본인이 어떤 사람이고, 어떤 가치관을 통해서 본인은 이런 삶을 살고 있다고 끊임없이 보여주는 사람이 제 개인적으로 굉장히 멋있는 사람인 것 같습니다. 저도 저 자신을 위해서 또 많은 사람들에게 좋은 영향력을 줄 수 있도록 보여주는 사람이 되고 싶습니다.

두 번째는 자기의 문제점이 있을 때, 조언을 듣고 삶을 교정해 나가는 사람입니다. 보여주면 보는 사람의 종류입니다. 보통 저에게 상담을 신청하면서 "선생님, 제가 어떻게 하면 이런 부분들을 교정받을 수 있을까요"라고 요청을 합니다. 상담을 하고 나서 그분에게 맞는 계획을 짜 주고 방법을 제시할 때 그것을 마음에 새기고 실제로 교정받는 사람들인 것 같습니다. 변화된 사람들을 보며 본인의 문제점을 극복하기 위해 불편함과 고통스러운 순간을 감내하면서 행동으로 옮기는 분들이죠.

문제는 이 세 번째 사람입니다. 저에게 상담 문의를 하거나 혹은 관련 영상을 보는 사람들 중에서도 자기 입맛에 맞는 영상만을 찾아 끊임없이 돌아다니는 사람들이 많을 거라고 봅니다. 실제로 저와 상담을 하더라도 본인이 기존에 가지고 있는 생각과 기준점에서 못 미치면 본인의 이야기만 계속하면서 제 이야기를 받아들이지 않더라고요. 본인이 조언을 얻으려고 돈을 지불했으면서도 이야기를 듣지 않으니, 평소에 주변 사람들에게 어떻게 행동했을지 보지 않아도 알 수 있습니다.

그렇기 때문에 자기 고집이 강하고 듣지 않는 분들은 성장할 수 없습니다. 보고, 듣고, 깨닫고 본인이 바뀌어야 하는 건 머리로는 알지만 그렇게 하기 싫은 거죠. 변화라는 건 안다고 되는 것이 아니라 그만큼 노력과 대가 지불이 필요하기 때문입니다.

여러분은 이 세 가지의 사람 중에 어떤 사람인가요?

첫 번째, 보여주는 사람.

두 번째, 보여주면 보는 사람.

세 번째, 보여줘도 안 보는 사람.

오늘 한번 우리는 어떤 사람인지 생각해볼 수 있는 시간이 됐으면 좋겠습니다.

인간관계의 세 가지 유형

(2020년 2월 <인간관계>에 대한 수업 중에서)

마크 최   여러분 반갑습니다. 잘 지내셨어요. 오늘 수업의 주제인 인
　　　　　간관계에 대해서 이야기를 나눠볼까 합니다. 여기 오신 분들
　　　　　은 왜 이 수업을 신청하셨나요? 누구는 사랑에 실패해서 혹
　　　　　은 누구는 친구와의 관계 때문에 아니면 누구는 가족의 문
　　　　　제 때문에 등, 참 여러 이유들로 신청을 하셨더라고요. 좋습
　　　　　니다. 우리가 인간관계에 대해 배우기 전에 우리가 살고 있는
　　　　　세상에는 어떤 인간관계가 있는지부터 이야기해볼까요. 첫
　　　　　번째 질문을 해보겠습니다. 그럼 인간관계는 무엇일까요? 좋
　　　　　은 인간관계는 무엇이고, 안 좋은 인가관계를 무엇일까요?

수 강 생   좋은 인간관계를 친한 사이라 하고, 안 좋은 인간관계를 안
　　　　　친한 사이라고 생각합니다.

마크 최   그래요. 그럼 친한 사이와 안 친한 사이는 어떻게 결정이 됩
　　　　　니까?

수 강 생   음. 같이 있으면 편하고, 같이 있으면 불편하고.

마크 최   그럼 같이 있으면 편하고 같이 있으면 불편하고는 어떻게 결
　　　　　정이 될까요?

수 강 생   상대가 저를 편하게 해주거나 편하게 해주지 않거나 아닐까요.

마크 최   좋습니다. 그럼 상대가 나를 편하게 대해줄 때 우리는 항상 편안함을 느낄까요? 역으로 우리는 상대와 친하다고 해서 상대방에게 편안함을 줄 수 있나요? 저는 여러분에게 편안함을 주나요?

수강생   ...

마크 최   만약 여러분이 실연을 당하고 혹은 회사에서 짤렸다고 합시다. 여러분은 누군가를 만날 때 편안하나요? 이때에는 여러분은 누구를 만나도 불편할 수 있지요. 여러분의 편안함도 사실은 여러분의 마음의 상태에 의해 결정이 되기 때문에 그렇습니다. 그러니 이런 기준으로 좋은 인간관계를 결정하고 생각을 하면 본인의 상태에 따라 좋았다 안 좋았다를 반복하게 되는 것입니다.

수강생   그럼, 선생님 말씀처럼 어떤 기준이 있어야 한다는 것인가요? 관계에서도요.

마크 최   예, 당연하죠. 인간관계의 정의부터 이야기해보도록 하겠습니다.

좋은 인간관계란?
내가 원하는 것을 얻고 상대방이 원하는 것을 얻는 관계입니다.

한번 생각해보세요. 여러분이 지금까지 좋은 인간관계를 유지하고 있는 사이라면 아마 여러분도 그 상대에게 무언가를 얻고 있고 상대방도 여러분에게 무언가를 얻고 있는 것입니다. 그것이 서로 교류가 되기 때문에 가능한 것입니다. 가족이든 사랑하는 사이든 친구 사이든 관계라는 것은 일방적이면 오래갈 수 없습니다. 구체적으로 세 가지 인간관계에 대해서 이야기해드리겠습니다.

첫 번째, 강압적인 인간관계입니다.

이것은 상대방에게 자신이 원하는 것을 위해 거짓말과 폭력을 사용하면서까지 자신이 원하는 것을 얻어가는 사람들을 뜻합니다. 보통 범죄자들이나 사기꾼들 그리고 주위에 상대에게 가스라이팅을 해가며 연애를 하는 사람들이 여기에 포함됩니다.

두 번째, 구걸하는 인간관계입니다.

이 사람들의 특징은 항상 자신을 평가절하합니다. "죄송해요." "제 잘못이에요." 이렇게 다른 사람보다 자신을 낮은 위치에 두고 사람들과의 관계를 이어갑니다.

"나는 당신의 도움이 필요해요. 그러니 날 떠나지 말아요." 사실 이들은 피해자가 아닙니다. 피해자 역할을 하는 것이지요. 그들이 자신을 함부로 대하는 것에 스트레스를 받고 있습니다.

세 번째, 서로 줄 것은 주고 받을 것은 받는 인간관계입니다.

이것은 말 그대로 상대에게 당당하게 본인이 원하는 것을 요구하고 상대방이 원하는 것도 주는 인간관계를 말합니다. 우리가 앞으로 이야기할 인간관계도 이 세 번째입니다. 당신은 어떤 인간관계를 맺고 살고 있나요?

본인이 원하는 걸 얻고 상대방이 원하는 것을 주는 관계가 좋은 인간관계입니다. 그럼 지금부터 중요한 관점을 이야기해보겠습니다.

첫 번째, 본인이 원하는 것을 본인이 알고 있는가?

두 번째, 상대방이 원하는 것이 아닌 본인이 원하는 것을 주고 있진 않은가?

본인이 원하고 주기만 하는 것은 좋은 인간관계가 아닙니다. 본인이 받기만 해도 좋은 인간관계가 맺어질 수 없어요. 좋은 인간관계는 서로가 서로에게 주고받는 게 좋은 인간관계입니다. 이때 인간관계를 맺을 때 본인이 상대방에게 주기만 한다면 그 사람과의 관계를 끊어야 됩니다.

그리고 본인이 받기만 해도 상대방이 아마 인간관계를 끊을 거예요. 그것이 예외인 가족이라면 보통의 인간관계보다 끊기가 더 어렵겠죠.

보통의 인간관계에서는 매끄럽게 맺어지기 어렵습니다. 주고받는 것이 틀림없이 있기 때문에 관계가 유지가 될 수 있습니다. 이때 이렇게 이야기하는 분들이 많을 거예요.

"제가 너무 좋아하는 사람이어서 그 사람은 저에게 굳이 주지 않아도 제가 주는 것만으로도 좋아요."

하지만 여러분도 알 거라고 생각해요. 그런 관계는 오래 유지될 수 없어요. 그리고 좋아서 준다고 하지만 자기가 원하는 것(사랑의 느낌)을 더 얻고자 하는 것이라 생각합니다. 그러기에 본인 스스로가 자신에게 상처를 주고 있는 겁니다.

그렇다면 냉정하게 이 관계를 생각해봐야 합니다. 상대방이 그렇게 요구해오거나, 지금처럼 본인이 그런 관계를 이어간다면, "아니요. 그만하세요"라고 말해야 합니다. 당신의 원하는 것을 당당하게 요구하세요.

당장 놓아야 하는 인간관계

첫 번째, 이용당하고 있을 때입니다. 그때는 "아니오"라고 말해야 합니다. 육체적으로나 정신적으로 누군가가 본인을 이용한다고 생각이 들면 그건 아닌 거예요.

두 번째, 괴롭힘을 당할 때입니다. 어떤 무리 안에서 누군가 본인을 괴롭힌다면 그땐 그만하라고, 아니라고 말해야 합니다.

세 번째, 한 번도 보상받은 적이 없을 때입니다. 본인이 상대방에게 어떤 것들을 줬는데 상대방이 본인에게 보상을 안 해준다면 그 관계를 끝내야 합니다.

네 번째, 부당한 취급을 당할 때입니다. 본인이 어떠한 잘못도 하지 않았는데 계속 부당한 취급을 당한다면 상대방의 뜻을 거절하고, "아니오"라고 말할 수 있어야 합니다.

그리고 마지막 다섯 번째입니다. 몸이 이상 신호를 보낼 때 본인의 체력이 바닥이 나거나 몸이 아픈데도 계속 관계를 유지하면 할수록 스트레스를 받을 때입니다. 그때는 당당하게 말을 해야 합니다. "아니오"라고.

일단 인간관계뿐만 아니라, 사랑하는 사이에서도 이렇게 계속 지낸다면 이미 이것은 사랑이 아닙니다. 본인이 희생자이기 때문에, 그만 또는 아니오,라고 말할 수 있어야 됩니다. 이 기준점을 가지고 사람들을 대하면 됩니다.

제가 기준점을 제시했지만 아마 그래도 어려움을 겪는 분들이 많이 있을 거라고 생각합니다. 왜냐하면 누군가가 무엇을 할 때 "아니오"라는 말을 거의 사용해본 적이 없는 분들이 많고, "아니오"라고 말하는 것을 상대방이 본인을 생각하는 이미지가 부정적으로 될까 봐, 말하는 것을 많은 분들이 어려워하기 때문입니다.

하지만 여러분, 상대방에게 부정적인 이미지로 비칠까 걱정하면서 왜 정작 자기 자신이 부당함을 당하는 것에는 걱정을 안 하시나요? 살면서 부당함에는 거절하고 "아니오"라고 말할 수 있어야 합니다.

"아니, 아니오"라는 말이 그래도 부담된다면 "저기 죄송한데, 저는 이런 부분은 아니라고 생각합니다. 다음부터 저를 그렇게 대해주지 않았으면 좋겠어요"라고 지혜롭게, 부드럽게 말할 수 있습니다.

근데 마치 '아니오'라고 말하면 부정적인 이미지만 떠오르니까 말하기 부담스러워서 부당함을 많은 분들이 참고 있어요. 지금의 예시도 부정적인 이미지가 떠오르나요?

같은 거절도 부드럽게 이야기할 수 있다는 것도 배워야 합니다. 그렇게 부당함을 본인이 거절할 때 자기 자신을 정말 사랑하는 겁니다.

그리고 내 편, 내 평생친구 등, 평생을 함께하고 싶고 진짜로 자기편으로 생각하는 여러분만의 기준이 있잖아요. 제 개인적으로 생각하는 내 편의 기준은 어려운 순간에 나를 위로해주는 사람도 내 편이 될 수 있겠지만, 진짜 내 편은 내가 어떤 일이 잘될 때 나에게 진심으로 축하해주는 사람들이 내 편이라고 생각합니다. 시기, 질투심 없이 정말 나의 삶을 응원하고 박수 쳐주며 축하해주는 사람이 제 편이라고 생각해요.

여러분도 제가 알려준 이 기준점으로 인간관계를 맺거나, 지금의 인간관계에 대해서 돌아보고 아닌 것은 아니라고 거절하며 자신을 아껴주는 사람이 되었으면 좋겠습니다.

수강생   마크 최님의 이야기 잘 듣고 있는데 사실 저는 제가 원하는 것을 요구하는 게 상대방에게 너무 미안하고 그러면 안 될 거 같아요. 그리고 제가 원하는 것이 무엇인지도 상대방이 무엇을 원하는지도 잘 모르겠어요. 너무 어려워요.

마크 최   본인이 누군가에게 어떤 존재인지를 모르고 인간관계를 맺고 있는 거 자체가 모든 문제의 시작이라 생각합니다. 우리가 사람을 만나 사랑을 하고 혹은 친구를 사귀는 모든 것들은 모두 자신의 행복을 위한 것인데 자신이 무엇을 원하는지 모른다면 우리는 자기 자신이 아닌 타인을 위해 존재하게 되는 것입니다. 본인이 원하는 것이 화려하지 않아도 근사하게 보이지 않아도 됩니다.

사람은 기본적으로 존중과 배려를 원합니다. 그것을 채우지 못할 때 우리의 관계는 끝이 나는 것입니다. 예를 들어 우리가 연애를 할 때 약속에 조금 늦은 것들도 연락을 잘 안 해주는 연인들의 싸움도, 사실은 본인이 존중받지 못한 다른 인간의 본성에 영향을 받고 그것이 커져서 이별까지 가게 되는 것입니다.

그러니 관계의 시작은 우선 자기 자신을 사랑해야 하는 것입니다. 본인이 나를 대하는 것 이상으로 타인을 대할 수 없으니까요. 상대방의 마음을 살펴주고 스스로 따뜻하게 대할 때 우리는 상대와 관계를 맺을 수도 끊을 수도 있습니다. 그것이 시작입니다.

좋은 사람 vs 안 좋은 사람

오늘은 저만의 기준을 말씀드릴게요. 여러분이 꼭 이런 분이 되었으면 좋겠습니다.

첫 번째, 자신의 삶을 바꾼 사람입니다. 삶의 변화를 원했고 목표를 이룬 사람들은 자신만의 노하우가 있고, 특별히 자수성가하신 분들은 어려운 환경을 딛고 일어났기 때문에 틀림없이 배울 점을 가지고 있습니다.

두 번째, 좋은 습관을 지닌 사람입니다. 습관에는 여러 가지가 있죠. 아침에 일찍 일어나기, 운동하기, 무언가를 끊임없이 배우기 등, 좋은 습관들이 있는 사람에게서 좋은 습관을 배울 수 있습니다.

세 번째, 긍정적이고 밝고 낙관적인 사람.

네 번째, 차분하고 행복함과 감사함이 넘치는 사람.

다섯 번째, 다른 사람과의 인간관계가 원만한 사람.

여섯 번째, 다른 사람을 흉보지 않는 사람.

일곱 번째, 영감을 주고 동기부여를 주는 사람.

여덟 번째, 열정을 지닌 사람.

아홉 번째, 자신의 삶에 책임감이 강한 사람입니다.

여러분은 이런 사람들과 인간관계를 계속 펼쳐 나가십시오. 너무나 좋은 사람들 아닌가요? 저는 이야기만 들어도 기분이 너무 좋아요. 그리고 저도 이 같은 사람이 되기 위해서 열심히 살아가고 있습니다.

그러면 안 좋은 인간관계의 유형은 무엇일까요?

첫 번째, 주변이 항상 소란스러운 사람.

두 번째, 나쁜 습관을 지닌 사람.

세 번째, 부정적이고 우울해하고 불행해하고 비관적인 사람으로서, 안 좋은 생각들로 똘똘 뭉친 사람입니다.

네 번째, 끊임없이 말썽을 일으키는 사람.

다섯 번째, 항상 다른 사람들과 싸우는 사람.

여섯 번째, 남의 이야기를 하기 좋아하는 사람.

일곱 번째, 꿈이 없는 사람.

여덟 번째, 열정이 없는 사람.

아홉 번째, 피해의식 있는 사람.

열 번째, 자기 잘못을 남에게 돌리는 사람입니다.

이런 사람들과는 인간관계를 만들지 않으면 좋겠지만, 주변에 그런 분들이 있다면 조금씩 멀리하는 것이 자기 자신을 위하는 길입니다. 사람의 내면은 보고, 듣고, 경험한 것들로 만들어지는데 이런 사람들을 옆에 놓으면 과연 어떤 일이 일어날까요?

이렇게 좋은 인간관계, 안 좋은 인간관계의 유형에 대해서 알아보았습니다. 우리의 삶은 본인이 모든 것을 선택할 수 있습니다.

인간관계는 우리가 선택할 수 있습니다. 안 좋은 인간관계를 서서히 정리하고, 좋은 인간관계를 만들어 나가는 여러분이 되었으면 좋겠습니다. 그리고 인간관계를 정리하는 것도 중요하지만 여러분도 과연 좋은 인간관계의 유형에 속하는지, 안 좋은 인간관계에 속하는지 점검해보길 바랍니다.

다른 사람의 단점이 보일 때

우리는 완벽한 사람이 아닙니다. 누구나 그리고 이 책을 보고 있는 분들과 저 역시도 약점이 있습니다.

다른 사람의 단점이 보일 때 어떻게 행동하나요? 우리는 사회생활을 하고, 공동체 생활을 하기 때문에 여러분과 맞지 않는 사람을 만날 수밖에 없습니다. 뿐만 아니라 상대방에게 보이는 단점들이 틀림없이 존재합니다. 사람마다 약한 부분들이 드러납니다. 그럴 때 여러분은 본인과 맞지 않는 분들과 과연 어떻게 소통하나요? 또 어떻게 관계를 맺어 나가나요? 제가 행운인 게 제게는 특별히 멘토링해주신 분들이 굉장히 많습니다.

그분들에게 제가 이 같은 주제로 질문을 드린 거 같아요. 한 10년 전에 이런 대답을 제가 얻었습니다. 여러분은 두 가지만 기억하면 됩니다.

첫 번째, 다른 사람들의 단점과 다른 사람들이 약한 부분이 보일 때 그것을 절대 다른 사람들에게 옮기지 마라.

두 번째, 나는 완벽한 사람인가?

첫 번째, 이야기를 옮기지 마라.

말 그대로 이야기를 다른 사람에게 옮기지 말라는 뜻입니다. 보통은 이야기들을 옮기는 사람들은 계속적으로 다른 사람들에게 옮겨요. 다른 사람의 이야기를 하는 것을 좋아하는 사람들이 옮깁니다. 이때에도 두 가지 부류의 사람들이 있습니다. 그 이야기를 들어주는 사람과 그 이야기를 거절하는 사람입니다. 여러분은 어떤 입장에 서 있나요? 저는 여러분이 거절하시는 분에 서 계셨으면 좋겠습니다.

그런데 혹시 이 글을 읽고 계신 분들 중에서 이야기를 전달하는 분이 있다면 당장 그 입을 멈추시기를 바랍니다. 제가 이렇게 강력하게 말하는 이유는 여러분이 다른 사람에 대해서 이야기할 때, 이야기를 듣는 사람들은 여러분에게 호응을 하든 하지 않든 여러분을 판단하고 있습니다.

"쟤는 다른 사람 이야기를 옮기니까 언젠가 내 이야기를 할 거야." 그리고 이야기를 하는 사람들도 깨닫게 되죠. "얘가 이렇게 호응해주는 걸 보니 내 욕을 할 때도 이렇게 호응을 해주겠지?" 서로가 서로를 깎아내리고 있는 행동을 하고 있는 겁니다. 그렇기 때문에 저는 그 입을 당장 멈추라고 말하는 겁니다.

두 번째, 과연 나는 완벽한 사람인가?

이 이야기를 제가 들었던 것처럼 저도 똑같이 여러분에게 말해주고 싶어요. 여러분은 과연 상대방보다 나은 삶을 살고 있나요? 아니면 상대방보다 완벽한가요, 라고 묻고 싶습니다. 물론 더 낫다고 이야기할 수도 있어요. 하지만 사람은 누구나 저마다 약한 부분들이 있습니다.

어떤 사람은 공동체 생활이 약하기 때문에 그런 것들이 많이 드러나는 것뿐이에요. 어떤 사람은 감정적으로 약한 사람이 있고, 어떤 사람은 술이 약해서 술에 취하면 꼭 문제를 일으키는 분들이 계시죠. 또 어떤 사람은 감정기복이 심해서 욱하는 사람들도 있고, 어떤 사람은 도박을 좋아하는 사람들도 있습니다. 또 누구는 본인의 뱃살을 빼지 못해 고민하는 사람도 있습니다.

저도 여러분에게 말 못 하는 저만의 약점들이 있습니다. 여러분도 각자 숨기고 싶은 부끄러운 약점들이 있잖아요. 여러분은 정말 약점 하나 없이 완벽한 사람인가요?

제가 여러분의 약점을 듣고 싶어서 이야기하는 게 아닙니다. 상대방의 약점이 단순히 드러났다는 이유로 우리가 상대방에게 잣대를 들이대고 판단할 수 없다고 말하고 싶습니다. 저는 다른 사람의 약점을 판단할 수 없어요. 왜냐하면 저도 다른 사람과 다른 약점을 가지고 있고, 그들은 저와 약한 부분이 틀린 게 아니라 다를 뿐인 거예요.

제가 이렇게 이야기하면, 세게 이야기하는 분들은 "우리가 자선사업가냐, 우리가 천사냐, 모든 것들을 다 이해하라는 거야"라고 생각하는 분들도 있을 거예요. 절대 아니에요.

물론 다른 사람과 맞지 않아서 관계를 끊는 건 여러분의 판단과 선택입니다. 하지만 사람들의 약한 부분이 저마다 다르다는 것들을 저는 이야기하고 싶었습니다. 그리고 상대방을 조금 더 이해하기를 바라는 마음에 글을 쓰는 기고요.

우리는 모두 완벽한 사람이 아닙니다. 이 책을 보고 계시는 분들도 저와 다른 약점이 있을 뿐이에요. 그렇기 때문에 상대방을 이해하려면 본인을 먼저 돌아보라고 말하고 싶습니다.

약점에 대해서 이야기를 하니까, "우리는 다 약하다, 약해빠졌다"라는 이야기를 하고 싶은 게 아닙니다. 우리는 약한 부분들을 보완할 수 있습니다. 그리고 성장할 수 있습니다. 그리고 인간관계도 훈련을 통해서 더 매끄럽게 맺을 수 있습니다.

여러분, 그냥 얻어지는 것은 없습니다. 인간관계도 경험하고, 배움을 통해서 더 나은 인간관계로 나아갈 수 있습니다.

살면서 피해야 할 유형의 사람들

우리가 피해야 할 유형의 사람이라는 주제로 이야기를 해보도록 하겠습니다. 이 책을 보는 분들 중에 혹시 '나라는 사람이 이렇게 행동하고 있지는 않은가'를 점검해보는 시간이 되었으면 좋겠어요.

그런 말이 있죠. "사람은 고쳐서 쓰는 게 아니다." 각자의 가치관이 모두 다르니까 저와 다르게 생각하는 분들도 있을 겁니다. 저는 개인적으로 사람은 변할 수 있다고 생각해요. 노력이 필요하고 쉬운 것은 아니지만, 사람은 바뀔 수 있다고 생각합니다. 저의 제자들도 사고의 변화와 행동의 변화를 토대로 삶을 바꿔가고 있습니다.

저를 예시로 들면 20대의 저와 30대의 저는 다르니까요. 제 기준으로 말해 보도록 하겠습니다. 제가 왜 저런 사람들을 피해야 하는 사람이라고 말했냐면 자신의 삶을 욕하고 부정적으로 이야기하는 것이 이미 내면에 있는 것이고, 그 이야기를 하면서 자신의 내면을 또 만들어가기 때문에 저 사람은 삶 속에서 저 열매를 계속 먹어야 하기 때문입니다. 만약 우리가 저 사람들 옆에 계속 있다면 우리 또한 저 열매를 같이 나눠 먹어야 하는 것을 알기에 마음이 참으로 안타깝습니다.

실제 저렇게 말씀하시는 분들과 이야기를 나눠보면 자신의 삶을 열심히 살고 누구보다 행복과 성공을 위해 열심히 살고 있는 사람들이 많습니다. 여러분, 제발 사람은 바뀔 수 있다고 이야기합시다. 그것을 원하시잖아요. 우리가 관계를 맺다보면 이런 유형의 사람들도 많이 있습니다. '사람은 안 변한다'라는 표현은 사고방식을 가진 사람들이 참 많이 쓰는 말입니다. 이 사람이 하는 말을 들어보면 보통 다음과 같은 말들을 가장 많이 합니다.

"나는 원래 이래. 나는 원래 이런 거 못 해, 나는 원래 성격이 이래. 나는, 나는…"

특히 연인 사이에서 사랑하는 사람이 '나, 원래 이렇다'라고 이야기를 하는 분들이 많습니다. 이 사람은 본인을 위해서 변할 마음이 아예 없는 사람입니다.

물론 사랑한다면 있는 모습 그대로를 사랑해줘야 한다고 했으니까, 모든 것을 있는 모습 그대로 받아들여야 되니까 받아들일 수도 있죠.

하지만 사랑한다면 본인에게 상처를 주는 것까지 다 받아들일 수는 없습니다. 연인은 서로 다른 환경에서 살아왔기 때문에 다툴 때도 있으며, 서로에 생각에 대해 이야기를 나누면서 바꿔 나가야 합니다. 하지만 이미 상대방은 내면 안에, 본인은 바뀔 마음이 없는 채로, '나는 원래 이런 사람'이라고 생각하기 때문에, 이 사람과의 미래는 없는 겁니다. 우리가 피해야 될 사람들이죠.

또 이런 사람들 중에 이렇게 말하는 사람들이 있어요.

"너는 원래 성격이 참 착한 아이야. 너는 좋은 아이야. 너는 이런 아이야"라고 계속적으로 말하는 겁니다. 이걸 칭찬이라고 말하는 분들이 있어요. 물론 칭찬도 있겠죠. 하지만 자기는 못 바뀐다고 말하면서 "너는 원래 이런 아이"라고 이야기를 해요. 바뀔 마음 없는 분들이 상대방에게 이렇게 말하는 성향이 굉장히 강합니다.

보통은 이런 사람들을 만나는 사람들이 잘 참아 주는 분들이 많아요. 그래서 상처를 굉장히 많이 받죠. 아마 이 책을 읽고 계시는 분들 중에서 굉장히 공감하는 분들이 많을 거예요. "내가 이 인간을 그냥 받아들여야지, 원래 이렇다잖아"라며 포기하는 거죠.

원래 잘 참는 사람은 없습니다. 힘들지만 사랑하니까 참아주는 거예요. 사랑한다고 해서 상대방에게 본인을 강요하면 안 돼요. "너는 이런 사람이구나, 저런 사람이구나"라는 말은 상대방이 강요로 느낄 수 있습니다. 그럴 때는 그런 말들을 그만해야 돼요.

원래부터 그런 건 없습니다. 사람은 변할 수 있습니다. 단, 변화를 선택한 사람만이 변할 수 있습니다. "나는 원래 이런 사람"이라고 하는 사람을 욕하려고 제가 이 글을 쓰는 것이 아닙니다.

본인이 이 말을 하고 있는 분들이거나 아니면 본인이 바뀌기를 소망하는 사람들에게 희망이 됐으면 좋겠습니다.

여러분, 신이 존재한다면, 혹은 우주의 에너지가 존재한다면 그것도 아니면 무한한 지성이 존재한다면 사람에게만 준 특권이 있습니다. 동물과 식물에게는 없습니다.

사람에게만 내면이라는 것들을 바꿔서 다른 삶을 살 수 있게 유일하게 축복을 줬습니다. 동물이나 식물에게는 불가능합니다. 특히 동물들은 본능적으로 행동하고 습관적으로 행동하기 때문에 그 범주 안에서 못 벗어나요.

하지만 사람은 이런 것들이 잘못될 때 원래 그런 것이 아니라, '내가 이렇구나'라고 인식합니다. 그리고 본인의 내면을 알고 그것을 배움을 통해서 바꿔 나가면 다른 인생을 살 수 있습니다.

여러분은 내면 안에 어떤 생각을 가지고 있나요?

인간관계에도 손절이 필요해
(2020년 라이브 방송 중에서)

내담자   안녕하세요, 선생님. 저는 인간관계에 대한 고민이 있어 이렇게 글을 남깁니다. 저한테는 아주 친한 형이 있습니다. 그 형을 엄청 믿고 따르고 있는데요. 어느 순간부터 저에게 얼굴 지적, 패션 지적을 하기 시작했습니다. 처음에는 제가 잘되기를 바라서 이야기한다고 생각하고 웃으며 받아들였습니다. 그런데 어느 순간부터 도가 지나치다고 느꼈습니다. 다른 사람들 앞에서 얼굴이 못생겼다고 이야기를 하고, 옷 입은 모습을 보고는 그렇게 입어서 여자친구를 사귈 수 있겠느냐는 식으로 말을 합니다. 제가 정말 마음의 상처를 받은 건 다른 사람들 앞에서 저처럼 살면 인생이 망한다고 이야기를 듣는 순간이었습니다. 저의 자존감은 자꾸 갉아 먹히고, 저는 이

형이 좋아서 믿고 따르는데 어떻게 할지 모르겠습니다. 좋은 말씀 부탁드립니다."

이런 사연입니다. 사연과 함께 여러분 주위에서도 본인의 자존감을 갉아먹는 인간관계를 어떻게 해야 할지 모르는 분들에게 도움이 됐으면 좋겠습니다.

이 사연에서 가장 인상에 남는 이야기가 "저는 이 형이 좋아서 믿고 따르는데"라는 말이었어요. 지금 본인에게 저렇게 말하는 사람을, 좋아하고 믿고 따른대요.

우리가 인간관계에서도 그렇지만 특히 연애할 때 이런 감정들을 많이 느끼지 않습니까? 상대방이 본인에게 상처를 주는 말을 하고, 본인의 자존감을 깎아내리고 본인에게 관심조차 주지 않는데, '나는 이 사람이 좋다'라고 합니다. 이런 분들은 지금 무엇을 해야 되냐면, 결심을 해야 됩니다.

첫 번째, 본인의 사랑을 최우선시에 두어야 합니다.
좋은 인간관계의 기준은 본인이 원하는 것을 얻는 것입니다. 자신을 잃어가면서 상대방에게 맞춰간다면 우리는 주기만 하기 때문에 우리는 절대 행복해질 수 없습니다.

두 번째, 자기 자신에 대한 믿음이 있어야 됩니다.
상대방에 대한 믿음이 아니라, 본인을 누가 지킨다? 바로 스스로 자기 자신을 지킨다는 마음을 강하게 새기십시오. '나는 나 스스로 지킨다.' 그리고 어떤 사람도 본인에게 상처를 줄 수 없다고 자기 자신에게 꼭 이야기해주세요. 그렇게 먼저 하면, 상대방에게 말할 용기가 생길 거예요.

그리고 본인에게 상처를 입힌 분을 부르세요. "미안한데 할 이야기가 있는데, 시간 좀 내줄 수 있어요?" 그러면 여러분의 뜻을 바로 알겠다고 하면 좋겠지만, 뭔 헛소리냐고 무시할 수도 있어요. 그래도 다시 한 번 이야기를 하고 본인의 이야기를 솔직히 말하세요. 이렇게 대화를 통해서 풀어가려는, 말하고자 하는 용기는 상대방과의 관계를 풀고 싶다는 것에 대한 어필이에요. 왜냐하면 본인이 좋아하는 사람이니까요.

하지만 상대방이 본인과 소통이 안 되고, 태도를 바꿀 마음이 없으면 가차 없이 내쳐야 됩니다. 어떻게 말해야 되냐면 이렇게 이야기해보십시오.

"나는 OOO을 많이 좋아해서 항상 잘 따랐어요. 처음에는 저에게 그렇게 말했을 때는 저를 염려해서 말해 준다고 생각해서 그 부분에 대해서 굳이 말을 안 했어요. 하지만 시간이 지나면서 저에게, 그리고 사람들 앞에서 저에 대해서 말할 때마다 저의 자존감이 점점 낮아져요. 마음에 상처가 되는 것들을 느끼고 있어요. 입장 바꿔서 딱 한 번만 생각해 보세요. OOO이 만약에 저라면 그렇게 말할 때 웃으면서 넘길 수 있겠어요? 물론 제가 상처 받는 것들을 알면서까지 그러진 않았겠죠. 몰랐으니까 그랬겠죠. 저도 제 인생이 있고, 열심히 살고 있어요. 부탁드릴게요." 이렇게 정중히 말하는 거예요.

착해서 정중히 이야기하는 게 아니라 본인이 상대방을 좋아하고 관계를 이어나가고 싶고, 풀고 싶기 때문에 이야기를 하는 겁니다. 그런데도 상대방이 같은 일을 반복한다면 관계를 끊으세요. 그리고 자기 자신에게 말하세요. "내가 사람 보는 눈이 없었구나. 사람 보는 눈을 배우고 길러나가자." 이렇게 좋은 각성제로 상대방을 사용하면 됩니다.

세상에 인간관계 맺을 사람들은 참 많습니다. 그렇지만 본인이 좋아하는 사람이기 때문에 이야기를 했음에도 불구하고 바뀌지 않고, 이해를 못한다면 당장 인연을 끊으세요. 본인이 상처를 받으면서까지 인간관계를 이어나갈 필요가 없습니다. 자기 자신을 사랑한다면 그 사람과 함께한 시간을 얼마나 보냈는지가 중요한 것이 아닙니다. 자기 자신보다 더 중요한 것은 없습니다. 본인을 위해서 결심하고 인간관계를 끊어야 되는 겁니다. 명심하세요.

상대방의 변화를 원하나요

'상대방을 변화시킨다'라는 이야기에 앞서서 제가 어떻게 심리상담 일까지 하게 됐는지 여러분에게 이야기를 해드리고 싶습니다.

참고로 저는 지금 40대를 살고 있습니다. 과거로 거슬러 올라가면 저의 20대 때는 지금의 이런 성격이 아니었습니다. 누군가에게 상담을 해주거나 사람들 앞에서 내면에 대해 이야기한다는 건 상상도 못 할 일이었죠. 하지만 저란 사람이 어떻게 변했는지 대해서 여러분과 이야기를 나누고 싶습니다. 이야기를 하기 전에 먼저 질문해볼게요.

여러분은 인생의 최고의 축복이 뭐라고 생각하나요? 로또에 당첨되는 것, 혹은 좋은 배우자를 만난 것 등, 여러 가지가 있겠죠? 갑자기 저의 이야기를 한다고 하다가 왜 축복에 대해 이야기할까, 생각하실 겁니다.

제가 생각할 때 최고의 축복은 '만남의 축복'이라고 생각합니다. 여러분도 한번 고민해보세요. 어떤 사람이 변화될 때는 틀림없이 어떤 만남 있습니다. 어떤 사람은 사람을 통해서 변화되거나 아니면 어떤 사람은 어떤 일을 통해서 변화되거나, 또 어떤 사람은 어떤 책을 통해서 삶이 바뀌죠.

이렇기 때문에 만남이라는 것은 한 사람을 변화시킬 때 굉장히 중요한 축복이라고 말씀드리고 싶습니다.

저에게도 만남의 축복이 있었습니다. 저는 20대를 하루하루 굉장히 우울하게 살았습니다. 그때는 지금은 하늘나라에 가신 저희 아버님이 계셨는데요. 아버님은 제가 10대 후반부터 20대 후반까지 아프셨습니다. 오랫동안 가장인 아버지가 아프셨기 때문에 치료비나 생활비가 부족하여 집에 계속 부채는 쌓여 갔었죠.

저는 매일 우울했습니다. 저는 우울한 마음을 어떻게 극복할까 하다가 찾은 PC방에서 빠져 살게 됩니다. 스타그래프트라는 게임이 있어요. 지금도 있지만 그 당시에 굉장히 유명했고 재미있는 게임이었습니다.

게임을 계속 하게 되면서 PC방에 5시간, 10시간은 기본이었습니다. 그 게임을 했던 판의 수를 보니 3만 판을 했더군요. 그것을 1판에 30분씩만 곱하더라도 90만 분을 게임을 하게 된 겁니다. 60분 시간으로 나누니 1만 6000시간 가까이 나오고 이것을 하루 8시간씩 게임했다고 생각하니, 하루도 쉬지 않고 2000일을 계속 게임만 해야 하더라고요.

완벽한 중독이었습니다. 그리고 우울증과 조울증이 심해서 자살충동도 느낄 만큼 심각한 상태도 있었습니다. 자살하려고 제 왼쪽 팔에 그은 18바늘 꿰맨 자국을 가끔 볼 때 내게도 이런 순간들이 있었구나 하는 생각이 듭니다.

그때 제가 그 게임을 끊을 수 있고, 제가 여기까지 올 수 있었던 데에는 '만남의 축복'이 있었겠죠? 한 멘토 분을 친구를 통해서 만나게 됐습니다. 그분이 저와 대화를 나누면서 제게 이런 말씀을 해주셨습니다.

"너는 누구니? 너는 무엇을 원하니. 너 자신을 사랑해. 그리고 나는 너를 믿는다." 저는 이 말이 어떤 의미인지는 그 당시는 잘 몰랐습니다. 사람이 사람으로 하여금 믿게 한다. 이게 가능한 건가...

여러분이 주위에 있는 사람의 변화를 원한다면 여러분이 할 수 있는 것은 무엇일까요? 가장 효과적인 최고의 방법은 바로 믿어주는 것이라고 저는 생각합니다. 누군가가 여러분을 믿어주는 것보다 더 중요한 건 없습니다.

제 멘토는 그렇게 그때 저를 변화된 모습처럼 이야기해주시고 저를 그렇게 대해 주셨습니다. "너는 지금보다 더 나은 삶을 살 수 있다"라고 끊임없이 저에게 이야기해 주셨던 것이 많이 기억에 남습니다. 그렇다고 제가 처음부터 다니던 PC방을 한번에 끊고 그 우울함이 갑자기 마술처럼 고쳐진 것은 절대 아닙니다. 시간 속에서 내면의 배움과 훈련을 통해 한 번, 두 번, 세 달, 여섯 달... 1년 이상 훈련(보고, 듣고, 경험)을 통해 어느 순간 저란 사람이 변해 있었습니다. 위에 있는 것들을 제 내면에 심어가고 있었던 것이지요.

물론 지금도 제가 완벽한 사람이라고 말할 순 없습니다. 하지만 그때보다는 나은 사람이란 걸 여러분에게 자신 있게 이야기할 수 있습니다. 제가 상대방의 변화를 원하느냐는 부분에서 제 이야기를 먼저 한 것은 매사에 부정적이고 우울함만 가득했고 현실도피만 하고 죽고 싶다는 말만 했던 저도 바뀔 수 있다면 여러분도 바뀔 수 있다고 말해드리고 싶었기 때문입니다.

변화는 열매입니다. 저의 인생에 가치 기준으로 삼고 있는 신념이 있습니다.

"사람은 심은 대로 거둔다."

여러분은 과연 어떤 것들을 심고 있나요? 상대방의 변화를 위해 상대방에게 어떤 것들을 심고 있나요?

상대를 변화시키는 마법(실전 편)

상대방을 변화시키는 마법 세 가지에 대해서 말씀드리고 싶습니다. 마음을 밭으로 표현을 하고 여러분을 농부라고 표현을 해보겠습니다.

첫 번째, 믿음의 씨앗을 심으십시오.
두 번째, 바뀐 사람처럼 바라봐주십시오.
세 번째, 기다리십시오.

첫 번째, 믿음의 씨앗을 심으십시오.
믿음이라고 해서 종교, 신앙을 이야기하는 것이 아닙니다. 믿음의 씨앗이라는 건 상대방의 마음의 밭에 여러분이 바뀌길 바라는 모습들로 동기부여가 되는 말로 심으란 뜻입니다.

본인 스스로가 얼마나 소중한 사람인지 말하십시오.
'나는 네가 이런 삶을 살았으면 좋겠어.'
'너는 이런 사람이야.'
이런 말들을 심어야 된다는 겁니다.

보통은 이 믿음의 씨앗을 잘 모르기 때문에 부모님들이 "야, 때려치워. 그러니 네가 그 모양 그 꼴이지"라고 말하는 것들을 너무나 많이 이제껏 봤습니다. 혹은 사랑하는 사이에서도 "너는 왜 그렇게 사냐? 네가 그러니까 이런 인생을 그렇게 사는 거지"라고 말하는 사람들을 너무나 많이 봤습니다. 이 같은 표현은 사람의 마음에 좋지 않은 씨앗을 심고 있다고 말해주고 싶습니다. 심은 대로 거둔다는 진리의 원칙에 따라서 이런 것들이 열매를 거둘 수 있고, 여러분도 이 열매를 먹을 수 있다는 것들을 알았으면 좋겠습니다.

믿음의 씨앗을 심는 과정은 굉장히 중요한 일입니다.
이때 전제조건이 있습니다. 우리가 아무리 좋은 것들을 상대방에게 심을 때, 왜 이런 것들이 열매를 거두지 못하냐면 그것을 듣는 상대방의 마음의 밭에 문제가 있기 때문입니다. 상대방의 마음의 밭이 자갈밭이면 아무리 좋은 씨앗을 심더라도 좋은 열매를 거둘 수 없습니다. 사실 그것을 우리가 직접 바꿀 수는 없지만 우리는 포기하지 않고 씨를 뿌릴 수 있습니다.

두 번째, 믿음의 눈으로 바뀐 사람처럼 바라봐주십시오.
너무나 중요한 말입니다. 상대방은 이미 변화된 사람이 아니고 바뀌는 과정 속에 있는 사람입니다. 어느 순간 모든 것들이 바뀌기 힘들고 다른 삶을 살기는 더더욱 어렵죠. 그렇기 때문에 우리가 상대방을 바뀐 사람처럼 바라봐 주는 것은 너무나 중요한 과정입니다. 그래서 그렇게 대해주는 것입니다.

저를 좀 예로 들자면 제가 예전에는 PC방 다니는 걸 너무나 좋아했고 시간을 허비하는 줄도 모르고 살았습니다. 그리고 목표를 왜 정해야 되는지도 몰랐고, 인생과 저의 미래에 대해서 깊이 있게 한 번도 생각해 본 적이 없었습니다. 이 때 저를 믿음의 눈으로 바라봐주는 사람이 있었습니다. 저는 PC방을 처음부터 단번에 끊지 못했습니다. 10시간을 다녔다면 8시간으로 줄이고 그것이 7시간이 되고, 5시간이 되고, 1시간이 되고, 점차 줄여가는 과정이 있었습니다. 이 과정에서 저를 바라봐주는 한 사람이 믿음의 눈으로 '너는 PC방을 끊게 될 거야, 너는 이런 삶을 살 거야'라고 계속 저에게 좋은 말과 믿음으로 바라봐주었습니다.

그때 저는 속으로, '무슨 소리야. 나는 PC방 다니는 게 좋은데'라고 생각한 적도 있었습니다. 하지만 멘토 분의 지속적인 관심과 믿음의 눈과 말들이 제 마음에 심어지다 보니까 어느 순간 PC방 가는 시간이 줄어들었고, 왜 가지 말아야 되는지 제가 스스로 생각하게 됐습니다. 그리고 왜 목표를 정해야 되고 삶을 살아야 하는지 깨닫게 되었습니다. 한 사람의 지속적인 믿음의 눈이 저를 바꾼 것입니다.

이때 여러분이 믿음의 눈으로 바라보다 실수하는 것들이 있습니다.

"그러니까 그 모양 그 꼴이지. 오빠는 안 변할 거야. 그러니까 그렇지. 내가 또 속았어." 이런 말들은 상대방을 믿음의 눈으로 바라봐주는 말이 아닙니다. 믿음으로 바라본다고 해서 사람이 어느 한순간 갑자기 변할 수는 없습니다. 과정을 통해서 변하는 것이기 때문에 변화하는 과정 속에서 실수를 지적하거나 부정적으로 이야기한다면 믿음으로 바라본다고 할 수 없습니다.

세 번째, 내 사람으로 보여주면서 기다리십시오.

기다림이 무엇보다 중요합니다. 앞에서 이야기했던 것처럼 우리 자신은 이 변화되는 과정 속에 있기 때문입니다. 우리는 농부이기 때문에 좋은 것들을 심었다면 벼를 추수하기 위해서 해충도 직접 없애야 하고 물도 줘야 하고 거름도 줘야 하는 모습을 보여주는 기다림의 과정이 필요합니다. 상대방을 옆에서 지켜봐주고 격려해주고, 사랑으로 품어주는 과정이 없으면서, 상대방이 바뀌는 걸 바라면 안 된다는 겁니다.

위의 것에서 가장 중요한 핵심이 무엇이냐면 바로 '사랑'입니다. 사랑이 없으면 이 모든 과정은 포기하게 됩니다. 그러면 애쓰게 되고 힘듦이 생깁니다. 상대방이 바뀌기를 바란다면 사랑을 가지고 지켜봐주고 격려해주고, 함께해줘야 됩니다.

세 가지를 다시 한 번 정리해보겠습니다.
첫 번째, 상대방에게 믿음의 씨앗을 심으십시오.
두 번째, 믿음의 눈으로 바라봐주십시오.
세 번째, 기다림과 행동으로 보여주십시오.

이 책을 보는 많은 분들에게 이 책을 통해서 저는 믿음의 씨앗을 심고 싶습니다. 여러분은 지금보다 더 나은 삶을 살 수 있고, 지금보다 더 행복한 삶을 살 수 있습니다. 우리가 깨달은 만큼 삶을 바꿀 수 있습니다. 이 주제가 여러분에게 좋은 동기부여의 믿음의 씨앗이 됐으면 좋습니다. 그리고 여러분에게 이 책이 좋은 만남의 축복이 되길 바랍니다.

매력적인 사람으로 살아가자

(2020년 9월 <자존감> 수업 중에서)

사람들은 누구나 타인에게서 호감을 얻고 싶어 하지요. 그리고 중요한 사람이고 싶어 합니다. 저도 여러분에게 호감을 얻고 싶고 인생에 하나뿐인 좋은 선생님이고 싶습니다. 여러분은 어떠세요? 여러분은 호감을 주는 사람입니까? (이 질문을 하자 주위가 조용해진다. 한 친구가 억울하다는 듯이 손을 들고 말을 건다.)

수강생   저는 이 수업을 들으면서 좋은 인간관계도 알고 상대방에게 어떻게 해야 영향력도 흘려보내는지 알겠어요. (화가 많이 나 있다.) 근데 이것을 안다고 제가 호감이 많아지고 좋은 배우자를 만나게 되는 것은 아니지 않나요?

마크 최   예, 그렇지요. 이것을 안다고 해서 수강생께서 매력적인 사람이 되는 것은 아니지요. 한 가지 질문 좀 해도 될까요? 수강생님은 무엇을 원하나요?

수강생   저는 매력이 넘치고 다른 사람들에게 호감을 얻어서 멋진 배우자를 만나 결혼하고 싶어요. (화가 나 있다.)

마크 최   그럼 수강생님이 볼 때 저는 매력적인 사람인가요? 아닌가요?

수강생   매력적이신 분이라고 생각합니다. 목소리도 좋고 말씀도 잘하시고 돈도 잘 버시는 것 같고...

당신의 매력도 당신이 만드는 것입니다.

마크 최 그러시군요. 고맙습니다. 그럼 제가 매력적으로 보이는 것은 본인이 정한 걸까요 아니면 제가 만든 것일까요?

수강생 마크 최님이 제게 보여준 게 있으니 그렇게 제가 보게 된 거겠지요.

마크 최 맞아요. 저를 매력적으로 보는 것은 저의 어떤 모습 때문에 그렇게 바라보는 것일 겁니다. 만약 제가 여기 강의에서 말을 더듬고 바닥만 보고 긴장해서 말도 제대로 못하면 아마 여러분은 제게 여러분의 재정과 시간을 쓰지 않으셨겠지요. 그럼 매력의 본질은 누가 매력을 보여줄 수 있느냐 없느냐의 문제 아닐까요? 그리고 수강생님, 아까 질문 시간도 아닌데 그렇게 갑자기 질문을 하고 목소리 톤도 높으면 주위 사람들이 본인을 매력적이라고 볼까요? 주위를 보세요.

수강생 (주위를 둘러본다. 자신을 이해 못 한다는 표정을 발견한다.) 아, 죄송합니다.

마크 최 괜찮습니다. 우리의 매력은 사실 다른 사람의 판단에 의해서가 아니라 우리가 만들어가는 것입니다.

여러분은 여러분 인생에 닮고 싶은 매력적인 사람이 있습니까? 세 가지 종류의 사람이 있다고 생각해봅시다.

첫 번째, 돈이 많고 넘치기 때문에 이 사람을 닮고 싶다.
두 번째, 이 사람의 외모적인 것들과 피지컬적인 것들을 닮고 싶다.
세 번째, 이 사람의 삶을 대하는 태도를 닮고 싶다.

지금부터 손 한 번 들어 보겠습니다. 여러분은 몇 번째 입니까? (모든 사람들이 세 번째에 손을 든다.) 여러분이 떠올리는 매력적인 사람들은 아마 삶을 대하는 태도를 닮고 싶어서 그분을 존경하고 닮고 싶어 하는 것이 아닌가요.

제가 생각하는 매력은 여기서부터 시작합니다. 삶을 대하는 태도가 매력적이어야 합니다. 또한 그것을 타인에게 느끼게 해주면 호감이 된다는 것입니다. 여러분이 마주하는 사람들은 여러분이 자기 자신을 생각하는 것 이상으로 여러분을 대해주지 않습니다.

사실 여러분이 저의 수업을 듣고 시간과 재정을 쓰는 것은, 제가 그것이 합당한 가치가 있다고 저 스스로가 믿고 있는 것과 저 자신을 소중히 대하고 사랑하기 때문입니다. 여러분도 저를 존중해주고 믿어주시는 것이라 확신합니다. 그것은 100% 제가 만든 것입니다.

만약 안 좋은 마음으로 저를 함부로 대하고 이유 없이 무례하게 저를 대한다면 저는 그분에게 당당하게 이야기할 것입니다. "이러지 마시라"고요. "저는 함부로 대할 사람이 아니다"라고요. 이게 제가 저를 대하는 태도이니까요. 그럼, 매력의 훈련을 알아봅시다.

첫 번째, 자신에 확신을 가지십시오.

사실 우리는 인간관계 안에서 우리도 모르게 어느새 '저 사람이 나를 싫어하면 어떡하지'라고 생각하고 주눅 들어 있습니다. 이것부터 바꾸셔야 합니다. '나는 사랑받아 마땅하고 매력적인 사람이기 때문에 함부로 날 대할 수 없다.' 이렇게 이야기를 쌓아가야 합니다. 여러분의 말은 여러분의 믿음과 내면을 만들 것입니다. 그것이 밖으로 흘러넘치고 배어나오도록 심고 또 심으세요.

두 번째, 말투와 목소리를 자신감 넘치게 훈련하십시오.

말투와 목소리는 매력에 있어서 너무나 중요합니다. 사람이 타인을 평가할 때 가장 많이 보는 것이 상대방의 말투입니다. 그것으로 상대의 성품을 판단하게 됩니다. 여러분 주위에 매력적으로 보이는 사람들은 적어도 말투와 목소리가 부드러울 가능성이 굉장히 높습니다. 훈련법은 자신의 말을 녹음해서 들어보세요. 그리고 닮고 싶은 사람의 목소리 톤과 템포를 따라하세요. 아주 효과적일 것입니다.

세 번째, 자신의 삶의 방향을 명확하게 만들어가십시오.

사람은 본인의 말에 확신이 있는 사람과 본인의 삶을 열정적으로 살아가는 사람을 좋아합니다. 우물쭈물하며 본인이 지금 무슨 말을 하는지도 모르고 자신의 삶을 순간의 감정들로 이리저리 바꿔가면서 인생을 사는 사람을 매력적으로 볼 사람은 없습니다. 그러니 본인의 인생의 꿈과 비전과 신념을 만들어가는 것은 매력적인 사람에게 있어서 너무나도 중요한 요소입니다.

네 번째, 소통이 되는 사람이 되십시오.

우리 주위에서 보면 소통이 잘되는 사람들은 항상 인기가 많고 주위에 사람들이 끊이지 않습니다. 그럼, 소통이 잘되는 사람은 어떤 사람일까요? 바로 '잘 들어주는 사람'입니다. 여러분이 말을 잘하고 소통을 잘하고 싶다면 우선 상대방의 이야기를 잘 들어주세요. 그리고 잘 들어주고 있다는 것을 꼭 표현하세요.

팁을 좀 드리자면, 상대의 눈을 바라봐주세요.
상대의 얼굴 표정을 따라하세요.

상대의 목소리의 톤을 따라하세요.

상대방의 이야기를 끊지 말고 끝까지 들어주세요.

다섯 번째, 자신만의 미소를 연습하십시오.

누군가에게 편하게 다가가고 싶다면 먼저 다가가서 웃으며 인사하세요. 그리고 상대방과 대화를 할 때에도 많이 웃어 주세요. 뜬금없이 웃으라는 뜻이 아닙니다. 따뜻한 미소를 띠면서 대화를 해서 상대방으로 하여금 편하다고 느낄 수 있게 하라는 이야기입니다. 웃음과 인사, 이것만 잘해도 큰 도움이 될 수 있다고 생각합니다. 웃음은 훈련이기 때문에 꼭 거울을 보고 훈련해보세요.

여섯 번째, 판단과 조언을 하지 말고 들어주십시오.

사람은 누구에게나 고민이 있습니다. 이 고민을 상대방에게 이야기를 했을 때 해결책을 제시하는 분들이 의외로 많이 있습니다. 바로 조언에 관한 이야기입니다. 과연 어디까지 조언해야 할까요?

"저한테 이런 일이 있었고 저런 일도 있었는데 제 친구들한테 질문도 해보고 여러 사람에게 해봤는데 답이 명확하지 않은 거 같아요." 혹은 "이렇게 저렇게 제게 이야기해줘서 이런 결정을 내렸어요"라고 분들도 많이 있습니다.

보통은 고민이 생기면 가장 친한 친구에게 고민을 털어 놓든가, 가족에게 이야기를 합니다. 특별히 연애와 관련된 고민을 할 때 어디까지 관여해서 이야기를 해주나요? 친구나 가까운 지인이라고 해서 본인의 경험을 토대로 막 쏟아내는 것이 우정이라고 생각하는 분들도 있습니다. 또 어떤 분들은 본인이 하는 사랑이 아니기 때문에 관여하지 않는 분들도 계실 겁니다. 이건 어디까지나 저의 생각입니다.

　제가 상담을 하면서 느꼈던 것이 있습니다. 친구가 어떤 것들에 대해서 조언을 하려고 하면 저는 조언을 하지 않았으면 좋겠다고 이야기 합니다. 그 이유가 있습니다. 뭐냐 하면 조언을 구하는 사람은 어차피 본인의 삶을 결정을 할 때 본인이 하고 싶은 대로 결정하기 때문입니다.

　보통 친구들 사이에서 연애에 대해서 누군가에게 물어볼 때 "내가 어떻게 하는 게 좋을까?" 푸념 식으로 이야기를 하는데, 친구들 중에서도 적극적인 친구는 자기일인 것처럼, "야, 만나지 마. 헤어져"라고 이야기하는 분들이 있습니다.

　그런데 여러분, 그거 아십니까? 그렇게 이야기한다고 그 친구가 헤어지던가요? 아니죠. 혹은 헤어지더라도 본인의 의견 때문에 헤어진 게 아닙니다. 그 사람은 본인이 이미 결정을 했다는 겁니다. 그리고 이야기를 듣는 사람들이 많기 때문에 조언을 들어주는 것과 구별해야 된다는 겁니다.

　조언을 할 때 보통은 힘든 부분들에서 감정적으로 소통하고 싶어서 이야기를 합니다. 그런데 해결책을 제시하는 분들이 의외로 많습니다. 그렇게 하지 말고, 그냥 들어주세요. 내용을 듣고, '네가 힘들었구나. 힘냈으면 좋겠다'라면서 들어주세요.

　그렇게 해도 조언을 구하는 사람은 본인이 해당 문제에 대해서 답을 들었다고 느끼는 사람들이 의외로 많습니다. 그렇다면 이제 조언을 언제 해야 되냐면, 상대방이 물어볼 때 "나는 이런 부분들에서 이렇게 느끼는데, 너는 어떻게 생각해? 내가 너의 이야기를 듣고 싶어." 이렇게 조심스럽게 이야기하면 됩니다.

　심지어 저도 상담을 하면서, 정말 아니다 싶어서 조언을 하고 상대방과 헤어지기를 바랐는데 결혼한 분들도 많이 있습니다. 혹은 결혼할 줄 알았는데 반대로 이별하는 분들도 있습니다. 그렇기 때문에 다른 사람의 연애사에 특별히 조언을 한다는 건 굉장히 위험할 수 있습니다. 왜냐하면 그 조언도 본인이 경험한 것들을 토대로 해주는 것이기 때문입니다. 저는 심리를 기반으로 심리상담을 하면서 연애 코칭도 하기 때문에 많은 경험들이 쌓여서 조언을 더 잘해 드릴 수 있는 겁니다.

그렇기 때문에 본인의 경험에 의한 섣부른 조언은 굉장히 위험하고 이야기를 들어주는 것 자체만으로도 조언이 될 수 있다고 말해드리고 싶습니다. 많은 사람들은 본인이 부당한 대우를 받는다며 억울하다는 이야기를 참 많이 합니다.

타인과 관계에 대해서 여러 이야기를 했습니다. 여러분의 삶을 살아갈 때 여러분이 원하는 행복도 성공도 사람을 떠나서는 가질 수가 없습니다. 타인에 대해서 글을 쓰며 제가 바라는 것은 딱 하나입니다.

사람들은 본인이 자기 자신을 평가하는 것 이상으로 본인을 대해주지 않습니다.

그러니 첫 파트에 나온 것들을 훈련하셔야, 자기 자신을 사랑하고 믿어주고, 본인의 사고를 살펴보고, 말을 의식적으로 바꿔나가며, 내면을 채워나가면, 인간관계 안에서도 사람들과의 만남 안에서도 겪었던 부당, 억울함, 슬픔을 이겨낼 수 있습니다. 쉽게 허락하지 마세요!

당신은 가치 있고 사랑받아 마땅합니다. 아주 작은 것 하나라도 좋습니다. 당신은 당신의 삶을 바꿀 수 있는 유일한 존재입니다.

06

사랑과 삶의 궁금한 질문들

이번 장의 내용은, 실제 상담을 'Q & A' 방식으로
어떻게 적용하고 활용할 수 있는지 실전 편으로 담아보았습니다.

연애 Q & A

다른 사랑과 다른 인생을 살고 싶어요

Q. 저는 사랑을 다르게 하고 싶어요. 지금과는 더 나은 성숙한 사랑을 하고 싶고 다른 인생을 살고 싶어요.

A. 여러분이 멋진 사랑을 하거나, 지금과는 다른 인생을 살고 싶을 때 꼭 알아야 될 게 있습니다. 그 전에 이 이야기를 좀 먼저 드리고 싶어요.

우리가 나무를 본다고 생각해보세요. 나무의 가치는 어디에 있을까요? 나무의 생김새를 볼 수도 있고 나뭇잎의 모습을 보고 가치를 판단할 수도 있을 것입니다. 하지만 나무의 가치는 그 나무의 결실인 열매입니다. 몇 개의 열매를 맺고, 품질은 얼마나 좋은 열매를 맺는지를 보게 됩니다. 그런데 열매 자체가 열매를 결정하는 게 아닙니다. 땅속에 묻혀서 보이지 않는 뿌리를 통해서 열매가 열리게 되어 있습니다.

이 뿌리가 영양분을 받아들이고 햇살을 맞고, 여러 가지 작용들을 통해서 고품질의 열매와 여러 개체의 열매를 만들어내는 거예요. 제가 왜 이 말을 하냐면 나무는 나무가 맺고 있는 열매를 보고 나무의 가치를 매기게 되어 있기 때문입니다. 그렇다면 사람은 무엇을 보고 사람의 가치를 매길까요?

어떤 사람이 어떤 행동을 하고, 그의 삶 속에서 어떤 열매를 맺느냐에 따라 그 사람의 가치가 평가받는 겁니다. 자본주의사회이기 때문에 그 가치가 재정일 수 있고, 사랑에 있어서는 사랑의 결과물이 될 수도 있겠죠. 그렇기 때문에 우리 눈에 보이지 않는 것들을 토대로 우리 눈에 보이는 열매가 만들어진다는 겁니다.

지금 이 책을 보고 계시는 분들 중에서도 여러분이 어떤 삶의 결과나 사랑의 결과를 얻고 있다면, 그것은 곧 나무의 열매고, 나무의 열매는 뿌리인, 즉 나의 내면에서 만들어진다는 것을 알아야 합니다. 여러분이 눈에 보이는 것들만 쫓는다면 절대 그런 것들을 얻을 수 없습니다.

그렇다면 우리는 무엇을 봐야 할까요? 본인의 내면에는 과연 어떤 것들이 만들어져 있는지를 먼저 인식해야 이 많은 문제들의 해답을 얻을 수 있습니다. 본인이 무슨 생각을 가장 많이 하고, 말을 하고 있는지 말입니다.

여러분, 다른 사랑을 하고 싶으세요? 다른 인생을 살고 싶으세요? 그렇다면 눈에 보이지 않는 자기 자신의 내면의 뿌리를 바라봐야 됩니다. 그리고 외적인 요소들도 함께 바꿔야 합니다. 이 두 가지가 함께 변화를 이룰 때 여러분은 지금과는 전혀 다른 인생을 살 수 있다고 말씀드리고 싶습니다.

속궁합과 사랑

Q. 속궁합이 안 맞는데 계속 만나야 하나요?

A. 사랑을 나누는 부분에서 서로 맞지 않을 때 어떤 선택을 하실 건가요? 맞지 않아서 헤어질 수도 있고, 맞춰보려고 노력할 수도 있고, 맞추려 노력했지만 잘 안 되는 경우가 있습니다. 제 기준에서, 상대방을 계속 만나야 하느냐, 말아야 하느냐 묻는다면 저는 이렇게 생각합니다.

속궁합이라는 것은 스킨십이잖아요. 스킨십은 사랑 안에 포함이 되어 있는 것이지 스킨십이 사랑은 아니라는 겁니다. 더 쉽게 설명을 하면, 사랑이 있다면 이 안에 사랑을 나누는 속궁합적인 부분, 또 여기는 인생을 살아가는 태도와 관련된 부분, 외모적인 것들이 사랑 안에서 여러 가지로 자리하고 있습니다. 그중에 한 요소가 바로 속궁합이라는 겁니다.

그런데 많은 사람들이 착각하는 것이 속궁합=사랑이고 그것이 사랑의 전체인 것처럼 생각합니다. 그 때문에 저에게 "모든 성격과 외모적인 부분이 다 맞지만 속궁합이 안 맞는 사람과 그와 반대인 사람 중에, 과연 누구를 선택해야 할까요"라고 묻는 분들이 굉장히 많았습니다. 그분들에게 답이 됐으면 좋겠습니다. 스킨십은 사랑 안에 포함된 하나의 요소입니다.

다음의 두 가지를 잊지 마시기 바랍니다.

첫 번째, 스킨십이 사랑의 전체가 아니다.
두 번째, 각자의 사랑의 가치관과 우선순위를 확인하자.

스킨십적인 부분들이 정말 맞지 않을 수도 있습니다. 이것은 각자의 사랑의 가치관이나 우선순위가 서로 맞지 않는 것과 같습니다. 이때 중요한 건, 서로를 위해 노력을 하고, 그리고 개선점이 보이고 혹은 의학적인 도움을 받는다거나 서로의 교감을 위해 이야기를 통해서 서로가 맞춰 나가는 것입니다. 하지만 그렇게 해봤는데도 안 된다면 이때는 선택해야 됩니다. 가치관과 우선순위가 다르기 때문입니다. 다만, 그것을 상대방에게 강요할 수 없습니다.

정말 속궁합이 안 맞아서 헤어지더라고 그것 때문에 잘못됐다고 말할 수 없습니다. 잘못된 것이 아니라 서로 다른 것이기 때문입니다. 서로가 서로를 위해서 노력할 수 있는 마음이 있느냐 없느냐가 중요합니다. 노력할 마음이 없다면 헤어지는 게 맞습니다. 서로의 우선순위가 다르기 때문에 앞으로 시간이 지나면 지날수록 이 문제는 더 커지기 때문입니다.

다시 한 번 정리하자면,
첫 번째, 사랑=속궁합은 아니다. 사랑 안에 속궁합이 있는 것이다.
두 번째, 맞지 않는 부분을 서로 노력할 마음이 있느냐 없느냐에 따라서 앞으로 만남의 방향이 선택된다.

천천히 다가가세요

Q. 썸 단계에서 주의하거나 어떻게 해야 사귀는 단계로 갈 수 있나요?

A. 사랑을 시작할 때 누구나 이 설레는 감정 단계를 거쳐서 사랑의 단계까지 이어집니다. 그런데 이때 여러분이 주의해야 할 게 있습니다. 바로 '썸 단계의 조급함'입니다. 조급함이라는 말만 들어도 이미지가 그려지지

않나요?

사귀지도 않는데 마치 사귀는 것처럼 상대방을 억압하거나 본인 스타일로 바꾸려고 하거나, 여러 가지 모습들이 있습니다. 이때 특히 지금 썸을 경험하고 있는 분이라면 과거의 썸이 왜 실패했는지 꼭 생각해보면 좋습니다. 이와 관련해서 다음의 세 가지를 잊지 마시기 바랍니다.

첫 번째, 이 사람은 아직 나와 사귀는 사이가 아니다.
두 번째, 이 사람은 지금 나를 지켜보고 있다.
세 번째, 나도 상대방을 지켜보고 있다.

이게 왜 중요하냐면, 아직 상대방은 내 사람이 되기 전이기 때문에 내가 어떻게 하는지 지켜보고 있다는 겁니다. 여러분이 내뱉는 말들과 행동 하나하나가 상대방으로 하여금 여러분이 어떤 사람이라는 판단하는 기준이 되는 거죠. 그렇기 때문에 여러분이 말을 할 때 신경 써서 해야 하고 그뿐만 아니라 본인이 어떤 사람인지를 투명하고 예의 있게 보여주는 지혜가 꼭 필요합니다. 이렇게 이야기하면 자기를 다 꺼내서 보여주는 분들이 또 있습니다. 투명하고, 예의 있게라는 것은 거짓 없이, 본인을 너무 꾸며서 평소 자신이 할 수 있는 것 이상을 하지 말라는 뜻입니다.

썸 단계 때 매력이 있고, 멋져 보이고, 연애를 하고 싶다가도 너무 앞서서 조급함 때문에 떠나는 케이스를 너무 많이 봤습니다. 썸 단계에서는 돌이킬 수 없습니다. 왜냐하면 냉정하게 이야기하면 남남이고, 서로 안 지 얼마 안 된 사이이기 때문입니다. 사귀었던 사이라면 다시 만날 수 있습니다.
하지만 썸 단계에서는 서로에 대해서 아직 잘 모르는 상태이기 때문에 그런 것들이 깨지면 상대방을 다시 붙잡기가 더 어렵습니다. 조급한 마음을 내려놓고 천천히 상대방과 함께 한 걸음 한 걸음 맞춰가야 합니다. 그러면 조금씩 서로의 눈높이가 맞게 되고, 본인의 모습을 보여주고, 상대방도 여러분을 받아들이는 시간을 통해서 사랑의 단계까지 나갈 수 있다고 생각합니다.

잊지 마세요. 상대방은 여러분을 지켜보고 있습니다. 마음을 내려놓고 천천히 다가가면 좋은 결과가 여러분을 기다릴 것입니다.

잘못된 사랑의 방식

가족 간의 사랑, 연인과의 사랑, 친구와의 사랑 등, 사랑도 여러 가지의 모습으로 존재합니다. 그렇다면 여러분의 사랑은 어떤 모습으로 존재하나요? 사랑에 대해 저마다 개인의 가치관이 있습니다. 많은 분들에게 본인이 생각하는 사랑이 무엇이냐고 물어보면 선뜻 대답을 하지 못합니다. 좋은 사랑과 잘못된 사랑의 기준은 다르고 이에 대한 정답은 없습니다. 하지만 이렇게 하면 여러분 각자가 사랑이 행복이 아니라 고달파지고 고통으로 변질되는 것을 압니다.

Q. 결혼을 함께 꿈꾸는 사람이 있습니다. 그런데 이 사람은 저와 싸우면 폭언을 하거나 욕을 하고, 심지어 본인의 화를 이기지 못하고 집에서 나갑니다. 어떻게 하면 좋을까요?

A. 결혼을 꿈꾸거나 준비하는 분들이 아니더라도, 사랑하는 연인과 다투게 되면 본인이 혹은 상대방이 저런 태도를 취하는 분들이 종종 있습니다.

여러분은 사랑을 왜 하나요? 서두에서 이야기한 본인이 생각하는 사랑의 의미를 물어보면, 대개 '함께하면 좋다', '편하다', '즐겁다', '따뜻하다' 등, 여러 가지 답변을 합니다. 그렇다면 따뜻한 것은 무엇일까요? 지금 상대방과 이 상황이 따뜻한가요,라고 물으면 대답을 머뭇거리거나 아예 대답을 하지 못합니다. 그러면서 상대방을 두둔하기 시작합니다. "아니에요. 이 사람은 가끔 그럴 때 말고는 평소에 저에게 너무 잘해줘요."

평소에는 누구나 잘할 수 있습니다. 본인이 기분이 좋지 않거나 갈등상황에서 상대방이 어떻게 행동하는지가, 두 사람의 관계가 함께 지속가능한 관계인지 아닌지 결정하게 되는 겁니다. 다음의 세 가지 유형을 꼭 확인하기 바랍니다.

첫 번째, 언제든지 변할 수 있는 사람이에요.

지금 있는 모습을 그대로 놓고 볼 때 행복할 수 있는 사람과 함께 해야 합니다. 그런데 본인이 더 사랑해주고 배려해줘서 이 사람은 바뀔 거라는 본인만의 믿음의 프레임에 이 사람을 구겨 넣어서는 안 됩니다. 뿐만 아니라 더 중요한 것은 그것이 본인의 인생을 어려움에 빠지게 만든다는 것입니다. 일시적으로 좋은 말과 행동을 했다고 해서 찰나일 뿐, 지금 행복하지 못하다면 결혼해서는 더더욱 행복할 수 없습니다.

두 번째, 자신의 것을 강요하는 사람이에요.

서로가 서로를 위해서 사랑을 하는데 의지와 믿음과 책임 없이 본인의 것만 강요하는 사람이 있습니다. "나는 원래 이런 사람이야." 이 말은 더 이상 자신에게는 변화가 없을 것이라고 선포하는 것과 같습니다. 이런 사람과는 관계를 이어가서는 안 됩니다. '내가 참으면, 상대방을 위해서 내가 더 노력하면 되겠지'라고 착각하기도 합니다. 하지만 절대 바꿀 수 없고 본인만 희생하고 사랑을 구걸하게 됩니다.

세 번째, 밀당을 하는 사람이에요.

예를 들어서 오늘 제 생일인 거예요. 그러면 생일을 아는 사람은 연락이 올 것이고, 모르면 지나칠 수도 있습니다. 혹은 본인이 먼저 생일이라고 이야기하고 편하게 이야기할 수도 있죠. 하지만 상대방의 생일을 아는지 모르는지, 그래서 먼저 연락이 오는지 안 오는지 지켜보는 것을 말하는 겁니다.

헤어질 때도 상대방이 무슨 말을 하는지를 지켜보며 사랑이 게임처럼 되는 것이죠. 사랑에는 승자와 패자는 없습니다. 이렇게 사람을 지켜보고 행동하게 된다면 둘 다 피해자가 될 뿐입니다.

사랑하는 사람이 본인을 이런 식으로 지켜본다면 여러분이 그런 행동을 할까요? 왜 헤어질 마음도 없으면서 그렇게 이야기하고 사랑을 확인하나요? 생일, 도착 연락 등 그냥 말하면 되고, 본인이 원하는 식으로 솔직하게 대화로 이런 식으로 표현해달라고 이야기하면 되는데, 왜 사랑을 게임처럼 펼치고 있나요?

셋 중에 어떤 것이 가장 중요할까요? 셋 다 중요합니다. 여러분이 상대방과 함께 사랑을 하는데 상대방이 변화될 것 같지 않고 앞으로도 계속 그럴 것 같다고 생각되면 앞으로도 그럴 가능성이 높습니다. 사람은 바뀔 수 있습니다. 하지만 변화를 원하는 사람만이 바뀔 수 있습니다. 절대로 여러분이 바꿀 수 있다고 착각하지 마세요. 그 관계를 사랑이라고 포장하며 본인이 희생하면서 시간만 질질 끌지 말고 내려놓으세요.

'나는 원래 이렇다'라고 하는 사람은 사랑뿐만이 아니라 인생의 전반이 머무르는 삶을 택한 것이기 때문에 더 나아지거나 발전할 수 없습니다. 여러분이 생각하는 사랑은 무엇인가요? 사랑의 의미를 점검해보고, 지금의 관계를 점검해보세요.

머리로는 이해하지만 서운해요

연인과의 관계에서 흔히 다투는 이유와 가장 많이 다투는 이유를 뽑자면 연락 문제와 만남 문제가 아닐까 싶습니다. 사람마다 각자의 삶의 패턴과 각자의 연락과 만남의 기준이 있기 마련이죠. 누군가는 매일 봐야 사랑받는 것 같고, 누군가는 1주에 1회를 보더라도 충분한 사람이 있습니다. 여기에 무엇이 좋고 좋지 않고의 기준은 없습니다. 두 사람이 대화를 통해서 결정해야 되는 사안이죠.

Q. 머리로는 각자의 삶이 있기 때문에 이해되지만 서운한데 어떡하죠?

A. 대개 남성분은 이해가 되면 서운함이 덜하고 여성분은 이해가 되도 서운하게 생각합니다. 서로 갈등이 있거나 생각이 다르고 사랑에 대한 기대감으로 머리로는 이해되지만, 서운한 감정이 오는 것이죠.

예를 들면 연락 문제로 남자친구가 바빠서 연락이 자주 안 되는 것을 여성이라면 머리로는 이해하지만 마음은 서운한 겁니다. 남자는 일 때문에 바빴고 여자친구에게 이야기도 했고 상대방이 이해했으니, 서운하지 않을 거라 생각합니다.

이때 중요한 것이 이해와 서운함을 명확하게 구분해야 다툼이 일어나지 않는다는 겁니다. 이해는 사고해서 받아들이는 것(이성)으로서, 서운함(감정)과 별개의 영역인 거죠. 이해는 하지만 서운하다는 것은 모순이 아닙니다. 이성적인 것과 감정적인 것은 다르기 때문입니다. 이것은 당연한 것이죠. 여자가 이해했다고 이야기해서 남성분이 곧이곧대로 받아들이면 안 됩니다. 이해했다고 해서 감정도 이해한 것이 아니기 때문입니다.

감정선이 다르기 때문에 남성분들이 상황을 제대로 파악하지 못해 다투거나 이유를 몰라 답답해하는 경우가 많습니다.

감정선을 파악해야 합니다. 여기서 감정선을 파악해야 한다고 해서 이성적으로 파악하거나 이해시키면 안 됩니다. 남성분과 여성분이 이런 이성적인 부분과 감정선인 부분에서 서로 다르게 대화를 하기에 다툼이 생기는 것입니다.

이해는 이해, 서운함은 서운함입니다. 남성분은 이성적인 부분으로 이해하고 넘어가는 것이 아니라 감정적인 부분도 살펴줘야 합니다. 또 여성분도 '알아서 내 마음을 알아주겠지'라고 혼자 생각하고 기다릴 것이 아니라 남성분에게 충분히 설명을 더 해줘야 합니다.

서로가 서로를 더 이해하려면 각자만의 생각을 각자 가지고 이해해줄 것이라고 생각만 하고 있을 것이 아니라, 서로 대화를 통해서 본인이 원하는 것을 이야기하고 이해하며 맞춰가야 합니다.

사람을 사람으로 잊는다

'사람을 사람으로 잊는다'라는 말이 있습니다. 많은 분들이 현재 사랑을 하고, 또 한편엔 많은 분들이 이별을 하겠죠. 헤어졌을 때에는, '상대방이 생각이 나고 잊기가 어렵다', '사랑하는 사람이 좋은 사람이 아닌 걸 알지만 계속 생각이 난다' 등, 여러 모습들이 있습니다. 서두에 이야기한 것처럼 이 중에는 사람은 사람으로 잊는다고 해서, 새로운 사람을 만나고 있는데 잘 모르겠다 혹은 아닌 거 같아서 또 헤어졌다는 분들이 있습니다.

Q. 사람은 사람으로 잊는 건가요?

A. 사람을 사람으로 잊는다는 것의 관점에 대해 개인적 견해를 설명하면, 사람이 사람을 만나서 사랑을 하고, 이별을 하면 혼자만의 시간이 필요하다고 생각합니다. 예를 들어서 2년간 사랑을 했으면 2년의 시간이 지나고 적어도 10분의 1이나 2에 해당하는 개인적 시간을 가져야 된다고 생각합니다.

사람은 시간 속에 습관화되어 있기 때문에 이전의 시간들에 적응되어 있는 자기 자신이 있을 겁니다. 그런데 헤어졌다고 해서 한 달도 채 되지 않아서 마음이 힘들어서 잊고 싶거나 혼자 있기 힘들다는 이유로 새로운 사람을 만나게 된다면, 새로운 사람을 만나고 헤어지면서, 또 계속 누군가를 찾게 될 것입니다. 왜냐하면 본인이 가지고 있는 전제조건이 자기 스스로 위로할 수 없고 채울 수 없다는 생각에서 출발하기 때문입니다.

누구를 만나도 우울하고 외롭다면 이것은 본인이 만든 것입니다. 이게 심해지면 환승이별을 하는 것이죠. 내면 깊숙하게 들어가면 본인을 믿지 못한 채 '나는 이 이별을 못 버티고, 이별은 나에게는 고통과 괴로움'이라는 결론을 내리고 있는 것입니다.

음식도 소화가 되려면 6~8시간이 걸리는데 사랑하는 사람과 2~3년 길게는 5년 이상을 매일 같이 만났는데, 어떻게 사람을 잊는데 하루, 이틀, 한 달도 안 걸리나요? 상대방에 대한 예의와 본인이 했던 사랑에 대한 예의가 없는 것 아닌가요?

외로운 것이 싫어서 인스타그램이나 트위터 등, 여러 가지 SNS를 통해서 이성과 대화를 하며 아직 본인이 인기가 많고 살아 있구나 하면서 연락도 하고 데이트도 하게 됩니다. 여기서 중요한 것은, 상대방은 뭐냐는 겁니다. 상대방은 본인이 진심이라고 생각하지 않을까요?

솔직하게 이야기하면 상대방도 인정합니다. 하지만 솔직히 말할 수 있는 사람이 SNS를 굳이 하지 않겠죠. 마음을 교묘하게 숨기고, 본인의 필요만 채우고 자르는 것은 너무 무책임한 행동입니다. 본인이 하는 행동을 상대방이 한다고 생각하면 싫잖아요. 사람은 새로운 만남을 통해 잊는 게 맞습니다. 하지만 잊기 위해 만나는 만남은 잘못된 만남이라고 생각합니다.

변하지 않는 사랑이 있을까요

Q. 변하지 않는 사랑이 있을까요?

A. 이 질문을 라이브 방송 때 받은 적이 있습니다. 대다수의 분들이 댓글로 없다고 이야기했었죠. 변하지 않는 사랑이 있냐고 제게 묻는다면, 사랑은 변하지 않는데 사람이 변한다고 대답하고 싶습니다. 사랑이 변한다고 표현하고 싶지 않아요.

제가 생각하는 사랑에는, 부모와 자식 간의 사랑, 친구와의 사랑, 연인과의 사랑 등이 있습니다. 사랑의 결은 조금씩 다 다르지만 본질은 같죠. 쉽게 예로 들면 돈이 죄는 아니죠. 돈을 어떻게 쓰느냐가 중요한 것 아닌가요? 돈을 마약과 유흥에 쓰는 것과 사람을 살리는 데 쓰는 것의 차이인 거죠. 돈의 쓰임에 따라서 돈의 가치가 바뀌는 것입니다.

사랑도 사랑을 하는 사람이 어떤 마음으로, 어떻게 바라보는지에 따라서 다르지 않을까 생각합니다. 그렇다면 질문, "변하지 않는 사랑을 하려면 어떻게 하나요?"

보통은 사람과의 관계를 유지하는 것을 두고 변한다 또는 변하지 않는다고 생각합니다. 그런데 사랑은 감정이 아닙니다. 물론 감정도 있죠. 제가 이야기하는 것은 사랑이 감정의 전체가 아니라는 것입니다. 사랑이 설렘과 짜릿함만이 전체가 아니듯, 우리가 부모님이 우리를 사랑하는 것을 알지만 사랑이 감정적으로 계속 느껴지지 않아도 우리는 부모님의 사랑을 압니다. 사랑이 감정이라고 생각한다면 변하겠죠.

그러면 변하지 않으려면 어떻게 해야 할까요? 무엇보다 의지를 가져야 합니다. 여기서의 의지란 관계를 계속 유지하려는 최선을 다하는 노력의 의지입니다. 감정의 문제가 아니라 의지의 문제인 거죠. 사랑의 타이밍이 있느냐는 말에도 해당이 되는데, 상대방을 있는 그대로 바라봐주고 받아들일 수 있는 의지가 있다면 가능합니다.

의지는 감정과 별개의 문제라서 감정이 생기더라도 본인의 마음을 본인이 지키고 관계를 유지하겠다고 생각하면 유지할 수 있다고 생각합니다. 많은 사람들이 감정이 전체라고 생각하기에 이별을 못 하기도 하고 새로운 사랑을 놓치기도 합니다.

사랑 안에서 감정도 중요하지만 그것이 전체라고 할 수 없습니다. 사랑도 본인이 선택하는 것이기 때문이죠. 감정적으로 뜨겁지 않더라도 안정감과 믿음으로 유지하고 서로를 위해 맞춰가는 것입니다. 변하지 않으려면 감정이 아니라 의지와 신념 마음의 중심이 바로 서 있어야 합니다. 사랑은 가장 위대한 것이고, 모든 문제의 답은 사랑입니다. 사랑보다 위대한 것은 없습니다.

사랑은 상대방을 있는 모습 그대로 바라봐주고 가치 있게 바라봐주는 것이 중요합니다. 단 모든 것을 인정하고 받아들이라는 것이 아니라 도덕과 윤리적 부분에 문제가 없을 때를 이야기하는 것입니다. 관계를 계속 유지하고 싶다면 여러분이 상대에게 가지고 있는 감정과 지속할 의지가 있는지 생각해보세요.

장거리 연애 때문에 헤어졌어요

Q. 거리의 문제로 헤어졌습니다. 다시 만나고 싶지만, 지금 상황상 거리의 문제를 해결할 수 없어서 어떻게 해야 할지 모르겠습니다.

A. 비교적 거리가 가까운 분들도 각자의 삶을 살다보면 자주 못 보는 경우도 있습니다. 장거리 연애하는 분들은 더 하겠죠. 장거리 연애하는 분들이 위와 같은 질문을 많이 합니다. 이미 답을 알지 않나요?

질문에 답이 있습니다. 바로 거리의 문제라는 거죠. 그렇다면 간단하게 해결할 수 있는 방법은 당연히 거리를 줄이는 것이 되겠죠? 하지만 현실적으로 각자의 삶과 일과 처한 상황 때문에 줄일 수 없을 거예요.

장거리 연애하는 분들에게 묻고 싶어요. 과연 거리가 줄면 이 문제가 정말 해결될까요? 아마 이렇게 많이 대답할 거예요. "네. 자주 만날 수 있으니까요." 저는 아니라고 단언하고 싶어요. 물론 거리가 가까우면 자주 보고 다툼이 생길 때 텍스트나 전화보다 만남을 통해 사이가 유연해질 수 있는 것은 사실입니다.

하지만 제가 이야기하고 싶은 것은 거리를 통해서 본인의 마음이 드러나는 것이라고 말하고 싶어요. 다툼이, 그리고 헤어짐이 단순하게 거리의 문제뿐만이 아니라는 것이죠. 자주 볼 수 없는 것이 불리한 요건은 맞지만 이것들 안에서도 서로에 대한 마음과 믿음이 있다면 극복했을 겁니다. 단순히 거리라는 문제로 덮기엔 문제가 있지 않나요?

서로에 대한 소홀함과 권태기가 있음에도 거기에 대해서 거리로 치부하고 있지 않은가 생각해봐야 합니다. 가까이 있으면 외로움을 덜 느끼게 해줬을 텐데, 라고 생각할 수 있습니다. 하지만 사실은 가까이 있고 있지 않고의 문제가 아니라 멀리 있더라고 상대를 위해서 진심을 다해서 했다면 거리는 중요하지 않습니다.

'일이 바빠서 마음을 전달하기가 어려웠다. 거리가 멀어서, 자주 볼 수 없어서'라는 말은 다 핑계에 불과합니다. 그렇다면 국제결혼을 하는 분들은 실질적으로 더 멀리 살고 있는데 어떻게 결혼할까요?

결국에 본인이 거리라는 핑계로 자기 마음을 합리화하는 것입니다. 장거리연애를 할 때는 상대방이 원하는 게 무엇인지, 또 본인이 상대방에게 원하는 게 무엇인지 서로 이야기를 해야 합니다. 가까이 있어서 자주 만나는 분들보다 서로의 마음을 더 들여다봐야 합니다. 장거리 연애를 하는 분들이라면 여러분이 정말 상대방에게 원하는 것이 무엇이고, 상대방이 여러분에 원하는 것이 무엇인지 진솔하게 대화를 나누고 신뢰를 쌓아야 합니다.

거리는 문제가 되지 않습니다. 거리로 본인의 마음을 합리화하지 마세요. 본인의 마음을 돌아보세요. 권태기가 왔지만 관계를 지속하기 위해 노력을 할 것인지, 관계를 내려놓아야 하는지 냉정하게 결정하는 것이 서로를 위한 일이라고 생각합니다.

결혼 Q & A

결혼 후 개인의 꿈을 좇으면 안 되나요

Q. 결혼을 하고 개인의 꿈을 좇는다는 건, 가정을 등한시하는 것이기 때문에 결혼 생활에 실패를 뜻하는 것과 같다는 말을 들었습니다. 과연 맞는 말일까요? 여자로서 남자로서, 결혼과 개인의 꿈, 둘 다 성취할 수 있는 방법은 없을까요?

A. 가장 중요한 건 우리 주위에서 우리에게 이야기와 조언을 해주는 사람들이 굉장히 많다는 겁니다. 질문을 하시는 분도 주위에서 이런 말들을 들었기 때문에 이 말들이 본인에게 영향력을 끼치고 있는 건데요.

저는 사연자분에게 물어보고 싶습니다. 이렇게 말해주는 사람들의 말이 과연 정답일까요? 여자로서 남자로서, 개인의 꿈과 결혼생활 둘 다 성취하는 건 실패하기 쉽다고 말하는데, 과연 어떤 사람들이 그렇게 말을 하냐는 거죠.

저는 그렇게 말하는 분들은 결혼생활 할 때 둘 중에 하나를 포기해야지만 결혼생활과 인생이 행복하다고 느끼면서 사는 사람이지 않나 하는 생각이 듭니다. 그런 분의 사고방식을 가졌거나 혹은 배우자가 포기해야 된다고 하거나 둘 다 하는 건 불가능하다고 생각하기 때문에 이런 말을 전파하고 다닐 거라 생각합니다.

사람은 귀가 있지 않습니까? 물론 귀를 막고 상대방의 말을 듣지 않는 경우도 있습니다. 하지만 이 말은 제가 생각할 때 옳지 않습니다. 결혼이라는 건 사실 결혼을 위해서 본인의 인생을 사는 것이 아닙니다. 본인의 인생 안에 결혼이 있는 겁니다. 이게 굉장히 중요한 부분이죠. 하지만 이렇게 말하는 사람들은 본인의 인생에서 결혼이 인생의 끝이라고 생각하기 때문에 이런 말을 하는 겁니다.

물론 "내 인생에서 결혼은 인생의 끝입니다"라고 말한다면 그것은 그 사람의 몫이고 인생인 거예요. 사연자분의 생각이 잘못됐다고 말하는 분은 본인 인생의 전부가 결혼이겠죠. 하지만 이 같은 질문을 하신 분들은 꿈도 있고, 결혼생활도 잘하고 싶기 때문에 가치관이 맞는 사람과 결혼하시면 됩니다. 혹은 주변 사람들이 지속적으로 그렇게 이야기한다면 본인의 인생이기 때문에 판단은 타인의 말이 아니라 본인과 해야 하는 겁니다.

꿈을 같이 이루고, 결혼생활을 하면서 서로의 꿈을 응원해 주고, 함께 자녀교육도 그려가고, 두 사람의 비전을 서로 공유하면서 멋진 꿈을 향해서 나아가는, 본인과 가치관이 맞는 사람을 만나시면 돼요.

꿈과 결혼생활, 왜 두 마리 토끼를 다 못 잡는다고 생각할까요? 그 사고방식은 과연 어디서 온 거죠? 그렇기 때문에 사람은 비슷한 사람들끼리 만나는 겁니다.

실패라고 말하는 사람들의 말을 듣지 마세요. 그 사람은 본인과 가치관이 다른 거예요. 가치관이 맞는 사람을 만나면 두 가지를 모두 이룰 수 있는 거죠. 이것들을 도와줄 수 있는 사람을 만나시면 됩니다. 그리고 본인이 원하는 가치관이 맞는 좋은 분을 만나고 계셨으면 좋겠습니다.

첫 번째, 본인에게 영향을 끼치는 말이 과연 사실인가 확인을 해보자.

두 번째, 양자택일을 할 것이 아니라, 두 가지의 가치관이 맞는 사람을 만나면 된다.

결혼, 언제 하는 게 좋은가요

Q. 결혼이 어려운 시기라고 하는데, 주위를 둘러보면 모두 결혼한 것 같고, 아이를 낳아서 행복하게 사는 것 같아요. 그래서 마음이 조급해져요. 언제 결혼을 해야 할까요?

A. 특히 30, 40대를 살고 계시는 분들, 결혼은 절대 늦지 않았습니다. 여러분의 짝은 존재합니다. 보통은 결혼할 나이가 되면 많은 사람들이 조급해집니다. 왜냐하면 상대방과 비교하는 마음 때문에 '저 사람들은 결혼을 했는데, 나는...' 더 나아가 '나는 아직 결혼도 못 했는데, 저들은 아이도 낳았네.' 특히 여성분들이 이런 마음이 더 많이 생기겠죠. 조금이라도 젊고 건강할 때 아이를 낳고 싶은 마음이 누구에게나 있기 때문에 그렇습니다. 하지만 이런 것들은 잠시 덮어두고 이 말씀을 드리고 싶습니다.

여러분은 결혼을 왜 하고 싶나요? 우리는 결혼을 할 때 결혼에 목적이 있는 게 아닙니다. 결혼하는 이유를 생각해야 된다는 겁니다. 결혼 자체가 중요한 것이 아니라 결혼을 해서 행복한 미래를 꿈꾸기 때문에 하는 겁니다. 그렇다면 결혼을 하려고 목매는 것이 아니라, 정말 행복한 결혼생활이 무엇인지에 대해서 본인 스스로 되돌아볼 수 있는 시간이 꼭 필요합니다.

이때 본인은 정말 행복한 결혼생활을 할 수 있는 만큼의 마음의 준비가 되어 있는지, 환경적인 준비가 되어 있는지를 본인 스스로가 되돌아봐야 합니다. 막연하게 결혼할 때가 되었기 때문에 결혼해야지라면서 결혼해서 행복한 사람을 그렇게 많이 보지 못했습니다. 그런데 반대로 결혼을 준비하고, 본인이 어떤 미래를 꿈꾸고, 어떤 결혼생활을 꿈꾸는지, 우선순위를 정하고 그 미래에 맞게 결혼을 준비해서 결혼하신 분들이 물론 싸움도 있고 다투기도 하겠지만, 전반적으로 전자보다 훨씬 더 행복한 것을 많이 지켜봤습니다.

그렇기 때문에 결혼에 대한 조급함이 생길 때 본인 스스로에게 '결혼이라는 것을 왜 해야 되지? 나에게 결혼이 정말 꼭 필요한 건가?' 그리고 '어떤 우선순위를 가지고 결혼 생활을 꿈꿀까'를 생각해보면 좋겠습니다.

20대에 결혼을 했다고 해서 행복한 게 아니고, 30대 때 결혼해서 늦은 게 아닙니다. 저는 40대나 50대 때 정말 인생의 한 명뿐인 반려자를 만나 평생을 행복하게 사시는 분들을 너무나 많이 봤습니다.

제가 깨달은 것은, 결혼은 나이가 중요한 게 아니라 정말 자기 인생의 인연이 찾아올 때 알아보고 준비된 사람은 그 인연을 맞이할 수 있지만, 준비가 되지 않은 사람은 계속 시간을 허비할 수 있다는 것입니다. 그 때문에 저는 여러분이 준비를 했으면 좋겠습니다.

보통 결혼적령기가 되면 주위에 있는 사람들은 한정적이기 때문에, 특별히 만날 사람들이 많이 없다고 이야기를 많이 합니다. 그렇게 이야기한다면 저는 적어도 문은 두드려야지 열린다고 생각합니다.

여러분이 이성을 만날 수 있는 모임을 가거나 요즘 어플리케이션들이 많이 있기 때문에 어플리케이션을 깔거나 혹은 무슨 모임에 가입을 해도, 저는 그런 것들이 나쁘다고 생각하지 않습니다. 다만 그 정도의 열의를 가지고 정말 본인의 짝을 찾으려는 노력을 한다면 그리고 본인이 결혼은 왜 해야 되는지 우선순위를 가지고 결혼에 대한 생각까지 가지고 있다면, 저는 조금 늦더라도 앞으로 정말 행복한 결혼생활을 할 수 있다고 자신 있게 대답해줄 수 있습니다.

지금 특히 30, 40대를 살고 계시는 분들은 결혼이 절대 늦지 않았습니다. 여러분의 짝은 어딘가에 분명 존재하기 때문입니다. 없다고 손 놓고 있을 것이 아니라, 두드리고 찾아보세요. 저는 여러분의 사랑을 응원하고, 여러분이 오늘보다 내일 더 행복했으면 좋겠습니다.

이별 Q & A

헤어지자고 용기 내어 말해야 할 때

Q. 헤어지고 싶은 순간들도 있지만, 상대방이 저에게 잘해줬던 모습들과 행복했던 시간들만 생각나요. 제가 더 잘하면 되지 않을까요?

A. 우리가 연애를 하다 보면 상대방을 사랑하는 마음 때문에 본인이 용서를 안 한다고 하면 떠날 것 같아서 상대방을 용서를 하고 이해한다고 합니다. 하지만 이런 일이 반복되면서 실제로는 속이 썩어 문드러지는 분들이 많습니다.

서로 사랑을 하다보면 싸우는 순간들이 있고, 사람이기 때문에 실수할 수도 있습니다. 그럴 때 용서가 필요하죠. 이런 일이 한 번이 아니라 두 번이 된다면 그 상처는 더 많이 커질 겁니다. 하지만 세 번이 되는데도 상대방의 손을 못 놓는다면 이때부터는 본인도 문제가 있다고 저는 생각합니다. 상대방이 어떤 실수를 했는지 모르겠지만, 본인에게 상처를 주고 신뢰를 깬 것들에 대해서 상대방을 용서 못 한다고 해서 그 누구도 여러분에게 뭐라고 할 수 없습니다.

저는 여러분이 어떤 이유로 용서를 해줬다고 말했는지 누구보다 잘 알기 때문입니다. 그런 일과 사건들이 벌어질 때 본인 스스로 상대방을 사랑해서 잘못을 덮는 것이 아니라 상대방에게서 충분히 사과를 받았어야 합니다. 그리고 이미 실수를 한 번 한 것이 아니라 지속적으로 반복하고 있는 상대방은 실제로 그 문제에 대해서 해결하고 싶은 마음이 없을 수도 있습니다.

또한 자기 마음을 솔직하게 상대방한테 말하는 게 좋아요. '혹시 이렇게 이야기하면 오해하지 않을까? 어떨까'라고 생각만 하지 마세요. "이런 부분들이 내가 너무 힘들고, 생각이 나서 괴롭다. 하지만 내가 이렇게 이야기하는 것은 내가 너를 아직 사랑하기 때문에 우리가 어떻게 하는 게 좋은지 같이 방법을 찾고 싶기 때문이다." 이렇게 솔직한 마음을 터놓고 정말 사랑하기 때문에 서로를 이해하는 시간을 갖고 개선하려고 노력해야 합니다. 그래도 달라지지 않는다면 저는 과감히 헤어져야 된다고 생각합니다.

누군가에게는 본인에게 부당한 대우를 하는 인간관계나 사랑하는 사이에서 이별이 당연할 수 있습니다. 하지만 실제로는 반복되는 일로 본인이 힘들면서도 손을 놓지 못하는 분들이 많이 있습니다. 본인 일이 아니기 때문에, '그냥 헤어지면 되는 거 아닌가'라고 쉽게 이야기할 수 있지만 막상 여러분도 겪게 되면 쉽게 헤어지기 어려운 순간들이 있습니다.

속 터놓고 솔직하게 이야기를 해도 바뀌지 않는다면 헤어지자고 용기 내시는 게 옳습니다. 세상에 남자와 여자는 많아요. 물론 헤어지지 못하는 분들의 대부분은 함께한 시간이나 지금 사랑하는 사람만큼 새로운 사람을 만날 수 없다고 생각해서 그럴 거예요. 저는 아니라고 이야기하고 싶어요. 용기를 내세요. 괜찮습니다.

　사랑한다고 모든 것을 다 용서해줄 필요는 없어요. 용서가 안 되는 것은 같이 노력해야죠. 상대방을 본인이 용서해주려고 노력하고 상대방도 노력하는 성의를 보여야, 그게 옳다고 생각합니다.

　자기 자신을 힘들게 하면서 상처받으면서까지 사랑하지 마세요. 본인보다 더 귀중한 것은 없습니다. 본인이 있어야 상대방도 있는 겁니다. 자신을 믿으세요.

이별을 받아들이는 방법

　Q. 이별을 해서 너무 힘이 들고 괴롭습니다. 어떻게 이런 것들을 극복해야 할까요?

　A. 이별에는 다섯 가지 단계가 있습니다.
　첫 번째, 부정의 단계.
　두 번째, 분노의 단계.
　세 번째, 타협의 단계.
　네 번째, 우울의 단계.
　다섯 번째, 수용의 단계.

　첫 번째, 부정의 단계는 보통 이별을 고하는 것을 들은 분들에게서 많이 나타나는 단계입니다. 이별을 납득할 수가 없는 거죠. '왜 이 사람이 나한테서 떠나야만 하는지. 난 아직 사랑하고 내 옆에 있어야만 하는데.' 이런 생각들과 감정으로 이별을 부정하는 단계입니다.

두 번째, 분노의 단계는 사랑하는 사람이 본인을 떠났다는 것에 대한 분노가 나타나는 단계입니다. '사랑한다고 했으면서 어떻게 나를 떠날 수 있지? 내가 얼마나 잘했는데, 나에게 이별을 고할 이유가 없는데 왜 나를 떠나야만 하지'라는 생각이 나타나는 단계입니다.

세 번째, 타협의 단계는 이별에 대해 부정을 하고, 부정을 하다가 분노를 넘어서 '정말 이 사람은 나에게서 떠났구나. 내 옆에 없구나. 나의 일상을 매일 공유할 수 있는 사람이 없구나' 등, 상대방이 떠난 것에 대해 타협을 하는 단계입니다.

네 번째, 우울의 단계는 이제 실질적으로 이별한 것들을 받아들이고 상대방이 자신을 떠난 것을 인정했기 때문에 굉장히 감정적으로 다운될 수 있는 단계입니다. 이 세상에 덩그러니 홀로 본인만 남겨진 거 같고, 사랑하는 사람이 떠났기 때문에 자기 자신도 없는 것 같고, 심적으로 가장 힘든 단계가 우울의 단계입니다. 이때 많은 분들이 상담을 많이 요청하는 것 같습니다.

다섯 번째, 수용의 단계는 '사랑하는 사람이 나를 떠났고, 나는 혼자 남았고 우울한데 이 사람과 재회를 꿈꿀까?' 혹은 '이제 내가 내 삶을 열심히 살면서 새로운 사람을 만나야 될까?'를 선택하는 단계입니다.

이상으로 이별을 받아들이는 다섯 가지의 단계로 나누어 봤습니다. 이별은 누구에게나 오는 것이고, 누구나 같은 경험을 하게 됩니다. 같은 경험이지만 앞으로의 선택이 굉장히 중요한 것 같습니다.

마지막 다섯 번째의 단계처럼 사랑하는 사람과 재회를 원하거나, 이별의 계기를 새로운 성장의 계기로 받아들이고 더 성숙하게 한 발짝 성장해서 새로운 사람을 만나는 것은 여러분의 선택입니다.

제가 이야기하고 싶은 것은, 사랑하는 사람과 평생을 함께 하면 좋겠지만 이별의 순간이 다가왔을 때 여러분이 재회를 원해도 상대방을 정말 사랑한다면 두 사람의 관계에 대해서 깊이 있게 무엇이 문제였는지, 본인이 상대방을 위해서 변할 자신이 있는지, 본인이 원한다고 해서 재회를 상대방에게 이기적으로 강요하고 있지는 않은지 고민해야 된다는 겁니다.

본인만 사랑한다고 헤어지기 싫다고 해서, 재회를 원하고 상대에게 강요하는 것은 사랑이 아닙니다. 이별을 새로운 성장의 계기로 선택했다면, 지난날의 자기 자신을 되돌아보고 앞으로 어떻게 해나가야 하는지 계획을 세우고 목표를 설정해서 그것에 맞게 나아가야 합니다.

이별의 순간은 누구에게나 힘이 듭니다. 당장은 힘들겠지만 여러분의 인생에서는 한 장면에 지나지 않습니다. 물론 소중한 추억과 시간들입니다. 제가 이야기하고 싶은 것은 이 한 장면으로 인해서 여러분의 인생의 전체가 흔들리지 않았으면 좋겠다는 겁니다. 이별의 순간이 슬픈 것만이 아니라 성숙한 사랑의 단계로 한 발짝 더 나아간다는 것을 잊지 마세요. 여러분의 사랑을 응원합니다.

07

성장과 성공의 궁금한 질문들

이번 장의 내용은, 실제 상담을 'Q & A' 방식으로
어떻게 적용하고 활용할 수 있는지 실전 편으로 담아보았습니다.

자기계발 Q & A

진로를 고민하는 분들에게

Q. 진로를 어떻게 정해야 할까요? 제가 무엇을 좋아하는지도 잘 모르겠어요.

A. 첫 번째, 본인의 과거에 좋았던 기억을 1번부터 시작해서 쭉 적어보세요. 예를 들어, '나는 어릴 때 반장이 되어서 좋았다', '학교에서 열린 학예회에서 칭찬을 받아서 너무 좋았다' 등, 어린 시절을 시작으로 해서 1번부터 한번 적어보세요.

두 번째, 이 좋았던 것들과 함께 떠오르는 직업들이 있을 거예요. 예를 들어, '나는 하와이로 여행을 갔는데 자연경관이 너무 멋지고 좋아서 사진을 많이 찍었는데 잘 찍는다고 칭찬을 받았다'라는 메모에 적합한 여러 직업들을 적어보세요. 과거의 추억들과 그 옆에 이것과 연관되는 직업군과 직업들이 나올 거예요. 그리고 나서 그 옆에 순위를 정해야 됩니다.

예를 들어, 재정적으로 어느 것들이 가장 높은지에 대해서 직업군 옆에

1순위 2순위 3순위 4순위 5순위, 그리고 행복했던 순간들도 1순위 2순위 3순위 4순위 5순위, 등을 정하세요. 가장 좋은 건 좋은 추억과 직업군 옆에 많은 소득을 벌 수 있는 직업이겠죠. 이것을 경험 삼아 시작해보기를 저는 추천합니다.

본인에게 너무 좋은 일이지만 재정적으로 어렵게 나온 것도 본인의 선택의 결과입니다. 재정을 다른 곳에서 모아서 시작해도 괜찮습니다. 여기서 중요한 게 있습니다. 여러분이 착각하는 것이 뭐냐면 본인이 어떤 일을 계기로 진로를 선택할 때 이 진로로 평생 동안 가야 된다고 생각하는 분들이 많다는 것입니다. 그건 진실이 아닙니다.

아마 지금 이 책을 보고 계시는 분들 중에서도 20대 때의 직업을 지금 나이가 50대인 분들이 가지고 있을 수도 있고 60대인 분들도 있겠지만, 그 직업에 꾸준히 종사해온 사람은 거의 없을 거예요. 물론 한 분야에 오래 종사하는 분들도 있습니다.

저는, 20대라면 혹은 진로에 대해 고민이 있는 분이라면 본인이 좋아했던 일과 본인이 선택했던 것에 맞는 직업군을 적어도 6개월 동안 경험해보기를 추천합니다. 6개월 동안 일을 하면 그 일이 본인과 맞는지 그리고 일을 할 때 정말 본인이 즐거운지 아닌지를 깨닫게 됩니다. 그렇게 일을 해보면서 2순위, 3순위로 넘어가면 그 안에서 본인이 정말 원하고 추구하는 일과 만날 가능성은 굉장히 높아집니다.

제가 진로를 고민하는 친구들에게 추천해주는 말입니다. 되게 간단하니까 한번 적어보세요. 머리로만 고민하지 말고 꼭 적어보면서 본인이 원하는 게 무엇인지 직업군과 연관시키면서 순위도 정해보고 그 일에 맞는 것을 실천해보세요. 지금보다 조금은 더 본인이 원하는 직업과 가까워질 수 있다고 생각합니다. 여러분에게 도움이 돼서 본인이 원하는 일과 직업을 얻기를 응원합니다.

삶의 권태기

Q. 사귀었던 남자친구와 헤어지고 제 삶을 주체적으로 살기로 마음먹었습니다. 저를 성장시키는 여러 강의와 영상들을 찾아보며 인생의 목표를 '도전하는 인생을 살자', '남에게 긍정적인 영향을 끼치는 사람이 되자'라고 정하고 실천하며 제 자신을 변화시키면서 하루하루 스스로 열심히 살고 있다고 자신할 수 있었습니다. 스스로 바꾸어야겠다고 깨달은 후부터 하나하나 변화되고 성장하는 제 모습이 참 신기했습니다. 하지만 취업 준비를 하면서 도전을 하고 성공과 실패를 겪으면서 많이 지친 거 같습니다. 수차례의 면접을 보면서 체력적으로 정신적으로 너무 힘들었지만 곧 웃는 날이 올 것이라고 생각하며 버텼고, 결국에는 만족할 만한 곳에 취업했습니다. 합격한 후로 정말 모든 걸 내려놓고 푹 쉰 지 2개월이 되어 갑니다.

저는 취업 준비로 지쳤고, 조금 쉬면 다시 예전처럼 돌아올 거라 생각했습니다. 하지만 그게 안 되는 거 같아 요즘 너무 고민입니다. 예전에는 제 삶에 성실하게 임하며 매사가 열정적인 태도였는데 지금은 그런 것들이 너무 피곤하고 지쳐서 대충 넘어갈 때도 많고, 제가 제 삶을 컨트롤하고 싶다는 생각도 들지 않습니다. 어떻게 해야 그때처럼 삶을 주체적이고 열심히 살 수 있을지 모르겠습니다. 삶의 권태기가 온 것 같아요. 어떻게 해결해야 할까요?

A. 첫 번째, 사귄 남자친구와 헤어졌는데 이것을 터닝포인트로 삼아서

항상 '인생을 도전하자', '긍정적인 영향을 끼치자'라는 모토로 삼고 영상도 보고 책도 보는 등, 너무 잘하셨어요. 보통은 이별하고 나면 이별의 슬픔으로 본인의 일상생활이 안 되는 분들이 많은데, 오히려 이별을 변화의 계기로 삼았다는 것 자체가 정말 멋지다고 생각합니다.

취업을 준비하는 분들도 계실 거고, 취업해서 직장에 이제 막 다니는 분들도 있을 거고, 직장을 오래 다닌 분들도 있을 거고, 반복되는 일상 속에서 권태로움을 느끼는 사람이 굉장히 많을 거예요.

'권태롭다'의 뜻은 '권태기'와도 연관이 있죠. 사랑하는 사이에서 혹은 친구 사이에서 그리고 그 밖의 인간관계에서 권태기를 경험하는 분들이 굉장히 많이 있습니다.

하지만 인생에서 권태롭다는 말을 들은 분들은 많지 않을 수도 있어요. 사람은 적응하는 동물입니다. 그래서 사람이 무언가에 대해서 계속 인식하지 않으면 과거의 본인의 모습으로 돌아가게 되어 있어요. 그것이 상담자 본인에게 진짜 자기 자신의 것이 되지 않았어도, 지금 본인이 긍정적인 삶의 태도와 열정을 가지고 열심히 살아서 취업이라는 것까지 갔어요.

하지만 이 권태로움이 왜 왔냐면 본인이 열심히 살려는 이유와 삶을 바꾸려는 목표가 거기까지였던 거예요. 그때까지의 목표가 좋은 곳에 취직을 하자는 거였던 거죠. '취업이 되면 내 인생이 그렇게 되겠지. 멋있어지겠지'라고 거기까지 목표를 세워놨을 가능성이 큽니다. 그러면 이때 무엇을 해야 되냐면, 계기와 목표를 세우기 전에 본인이 자기 자신을 만나야 하는 것입니다.

'내가 진짜로 원하는 삶이 뭐지?' '진짜 내가 어떤 삶을 살아야 될까?'라는 것을 다시 찾아야 돼요. 그런데 상담자는 본인이 자기 자신을 성장시키고 타인을 돕고 긍정적인 사람이 되는 게 취업과 맞닿았기 때문에 취업이 되자마자 본인 인생의 목표가 거기에서 끝났던 거죠.

취업은 본인의 삶에서 하나의 과정일 뿐이에요. 사실 이게 본인의 비전이 아닐 수도 있습니다. 왜냐하면 본인이 어떤 일을 하더라도 일 이외의 시간이 본인에게 더 많이 주어지기 때문입니다. 야근으로 바쁜 분들도 많이 있지만 보통 주 5일제근무를 하잖아요. 근무하는 시간도 길지만, 근무 이외의 나머지 시간이 훨씬 깁니다. 물론 잠도 자야 되고, 친구들도 만나야 되고, 못 했던 집안청소도 해야 되고, 그 밖에도 할 일이 많죠. 하다 보면 하루가 다 지나고, 다시 일을 나가야 하는 반복되는 삶이죠.

앞으로는 10대부터 모든 나이를 통틀어서, 본인의 삶을 살 때 어떤 삶의 모델을 그려 놓고 살겠다는 계획을 세워야 합니다. 그리고 이것을 누군가의 강요나 사회적 분위기가 아니라 본인이 그것을 정말 원하는지 스스로 물어보고, 원하는 것을 위해서 열정과 좋은 태도를 다시 가져와야 됩니다. 지금 일을 시작하는 분이거나 일을 하고 있는 분들은 그냥 직장생활만 열심히 하잖아요? 그렇게 하면 어떤 일이 벌어지느냐, (이건 직장생활 하시는 분들을 비하하는 것이 절대 아닙니다.) 직장생활 안에서 사고방식의 전염이 될 가능성이 큽니다. 직장 내 사람들이 사고하는 것과 삶의 태도를 배울 거예요.

저는 상담자에게, 직장생활의 선배가 본인의 미래라고 이야기합니다. 직장인들에게 이렇게 이야기하면 많은 분들이 그런 삶을 살고 싶지 않다고 해요.

취업과 직장이 본인 인생의 최종 비전은 아니라는 겁니다. 먼저 본인이 진짜 원하는 것들 찾고 내적인 동기부여를 얻어야 해요. 그래야 본인 몸을 움직일 수 있습니다. 본인이 원하는 것을 찾으면 이 같은 문제와 인생의 권태로움은 해결될 수 있습니다. 그리고 본인에게 자극을 줄 수 있는 책을 보거나 아니면 제가 하는 이런 말을 들으세요. 계속 들으세요. 들음으로써 본인의 생각을 바꾸세요. 그래도 모르겠다면 이것저것 배워보세요. 본인이 정말 원하는 비전을 위해서 배워보세요.

많은 고등학생들이 좋은 대학을 가면 할 건 다했다라고 생각했기 때문에 대학 입학 후에 우울증을 많이 겪습니다. 인생을 먼저 살아본 분들은 다 겪어봐서 아시잖아요? 보통 좋은 대학이나 좋은 직장 이런 것들에 대해서 저뿐만 아니라 많은 사람들이 그렇게 배워왔고 커왔기 때문에 그것이 전부라고 생각합니다.

또 특히 여성분들은 결혼을 하면 인생에서 할 건 다했다라고 생각했기 때문에 우울증을 겪는 분들도 굉장히 많습니다. 워킹맘이라고 해서 자기 일도 하면서 멋지게 사는 분들도 많이 있지만 현실적으로 아이를 돌볼 곳이 없기 때문에 직장을 그만두고 육아에 전념하는 분들도 많이 있죠. 그렇게 되면서 본인의 인생은 없고 자식을 위한 인생을 살기 때문에, 물론 부모로서 본인의 자식이니까 사랑하지만, SNS를 통해서 여러 소식을 접하면서 지금의 본인의 삶과 그것을 비교하면서 우울감을 겪는다는 겁니다.

그렇기 때문에 다시 한 번 제가 말하고 싶은 건 본인의 인생을 사셔야 한다는 겁니다. 삶, 직장, 육아, 사랑, 인간관계 등, 모든 것들 중에서 본인이 원하는 것을 찾고 비전을 세우고, 그것에 맞게 삶을 산다면 삶의 권태기가 올 수 없죠. 그래도 권태로움이 오면, 이때를 본인이 잘하고 있는지 자기 점검과 잠시 쉬어가는 시간이라고 생각하면 됩니다. 본인이 정말 열심히 살았다고 말할 정도의 열정이 있는 건 본인 스스로가 가장 잘 알아요.

포기만 하지 마세요. 다시 할 수 있습니다. 잘해왔고, 잘해낼 거라고 저는 믿어요.

선택의 후회

Q. 인생에서 후회되는 선택을 한 적이 있나요? 있다면 후회했을 때 어떻게 했나요?

A. 후회되는 선택을 한 자신을 용서하는 방법에 대해서 이야기를 나누고 싶습니다. 저는 40대를 살고 있습니다. 저는 올바른 선택이라고 할 때 범법 행위와 법으로 규정되어 있는 것들을 어기는 것을 제외하고 본인이 법에 위배되지 않고 선택하는 것들이 있어서 잘못된 선택은 없다고 생각합니다.

무언가를 어떻게 선택하느냐는 사실 인생을 살 때 별로 중요한 게 아니에요. 물론 선택의 중요한 순간들이 있죠. 하지만 선택보다 중요한 것이 무엇인지 아시나요? 선택한 다음에 본인이 이 문제들 안에서 어떤 태도로 어떻게 행동하는지가 훨씬 더 중요합니다.

제가 초등학교 때 받아쓰기 시험에서 틀렸을 때 정말 제 마음에 무너지는 순간들이 있었죠. 시험을 괜히 봤다는 생각, 시험을 왜 이렇게 봤을까, 여러 가지 생각이 들었죠. 고등학교 때는 제 친구가 학교에서 자퇴를 했어요. 그때 저는 제 친구가 잘못된 선택을 했다고 생각했어요. 그런데 시간이 지나서 동창회 모임에 갔더니, 그 친구가 가장 행복하고 즐겁게 잘살고 있는 걸 저는 봤어요.

저는 인생의 어려운 순간들이 올 때마다 정말 '내가 왜 이렇게 선택했지?' 선택의 괴로움으로, '이 한심한 자식아, 너는 왜 그 모양이니'라고 자책하며 20대를 허비했어요. 여러분도 저처럼 스스로의 선택에 대한 후회와, 연인 사이와 친구 사이와 그리고 다양한 인간관계에서 '이렇게 안 하고, 이렇게 했더라면 좋았을 텐데'라며 후회도 합니다. 하지만 아니요. 이 같은 생각을 멈춰야 됩니다. 본인이 앞으로 '이렇게 하면 이렇게 하겠다'로 바꿔야 돼요. 뿐만 아니라 이 선택은 그저 본인 인생에서 하나의 과정이에요. 무엇을 선택해도 상관없어요. 본인이 이 선택들을 또 바꿀 수 있기 때문이에요.

예를 들어, 본인이 중간고사를 망쳤다고 쳐요. '아, 5번을 찍었어야 되는데 3번을 찍어서 틀렸네. 역시 5번이었어. 괜히 바꿨어.' 이렇게 본인의 선택에 후회를 하고 있을 겁니다. 본인에게 어떤 비전이 있고 꿈을 향해서 매일 생각한다면, 시험을 잘보는 것도 중요하겠지만, 중간고사에서 한두 문제 틀린 건 중요하지 않아요. 어떤 수단과 방법을 가리지 않고 시간이 조금 걸릴지언정 그 위치에 가 있게 되는 거예요.

우리 인생의 답이 어디 있습니까? 옳은 선택이나 잘못된 선택은 그 순간에 본인이 느끼는 감정에 따른 것입니다. 하지만 앞으로 10년 후의 삶에서 본인이 이 문제를 바라볼 때는 잘못된 선택이 있는 게 아니라 이것을 선택한 후의 자기 자신의 모습이 더 중요하다는 거예요.

'내가 어떤 사람이냐, 어떤 인간이냐, 어떤 태도로 어떤 목적으로 인생을 살아가느냐'가 훨씬 더 중요하다는 말입니다. 무엇을 선택했는가는 정말 중요하지 않아요. 이게 단순하게 '그냥 지나간 일이니 후회하지 말자'라는 말이 아니에요. 어차피 지나간 일이니까 이제는 어쩔 수 없다는 식으로 대처하지 마세요. 시간은 당연히 돌아오지 않죠. 그런데 돌이켜보세요. 우리가 과거에 무언가를 선택해도 상관없어요.

고등학교를 자퇴한 제 친구는 누구보다 멋지고 즐겁게 살아요. 이런 친구들은 많고요. 학교 열심히 다녀도 우울하고 정말 아무것도 안 하는 사람이 너무나 많아요. 그 순간 하나하나가 중요한 게 아닙니다. 여러분 친구가 학교를 다니든 다니지 않든, 그게 중요한 게 아닙니다. 자격증을 따든 못 따든 그게 중요한 게 아닙니다.

본인이 정말 어떤 꿈을 향해서 포기하지 않고 나아가고 이 문제와 맞닥뜨릴 때 본인이 어떻게 시간을 쓰고, 어떻게 목표를 가지고, 어떻게 살아가는지가, 본인의 인생에서 더 중요합니다. '어차피 지나간 거니까 안 볼래 안 할래." 그럼 매 순간 그런 일과 상황이 올 때마다 그렇게 대처할 거예요. 이건 굉장히 수동적으로 행동하는 겁니다.

우리의 삶의 주체는 바로 자기 자신입니다. 모든 문제와 어떤 상황에 대한 결론은 본인이 원하는 대로 가게 되어 있어요. 이렇게 이야기하면, "아니요, 저는 그런 것을 원하지 않았어요"라고 말하겠죠?

저는 다시 한 번 냉정히 말해주고 싶어요. 본인이 의식적으로나 무의식적으로나 원하든 원하지 않든 본인이 생각한 것을 얻는 거라고 이야기하고 싶어요. 본인이 원하지 않았던 결과로 선택의 순간에 사로잡혀 있는 마음과 선택의 회피가 아니기 때문에 여러분의 선택은 잘못된 것이 없습니다. 선택을 한 후에 본인의 태도가 중요한 거예요. 선택을 본인이 원하는 상황으로 바꾸면 됩니다. 본인의 마음이 원하는 대로 그려보고 행동해보세요. 여러분은 환경과 상황을 바꿀 수 있는 힘이 있습니다.

정말 꿈꾸면 이루어지나요

Q. 끌어당김의 법칙으로 인해서 정말 생생히 꿈꾸면 이루어지나요?

A. 여러분, 정말 생생히 꿈꾸면 이루어지던가요? 한번 물어보고 싶어요. 생생히 꿈꾸면 이루어졌나요? 생생히 꿈꾸고 꿈의 내용을 모두 적어 놓고 사방에 붙여놓으면, 그럼 이루어지나요? 물론 이룬 분들도 많이 있죠. 그러니까 관련 책들도 많이 나오고 실제로 그렇게 사는 분들도 있고. 저도 그중에 한 사람이니까요.

여러분이 원하는 것들이 책에서 말하는 것처럼 여러분의 삶 가운데 나타나던가요? 저는 누구보다 생생히 꿈꿨지만, 우리 집 환경은 나아지지 않고, 저란 사람의 삶은 나아지지 않았어요. 그리고 저에게 상담받는 사람도 생생히 꿈꾸고 매일 본인의 미래를 꿈꾸고 본다는데, 그 사람은 왜 안 나아질까요? 그렇다면 책들이 모두 잘못되었고 그 사람들의 말이 모두 허상이었을까요?

아니에요. 지금부터 그게 왜 안 됐는지를 말해볼게요. 제가 사람을 상대하는 일을 하잖아요. 누군가를 케어하고, 인생의 목표를 잡아주고, 심리상담과 더불어 연애 코칭을 해주는, 전부 인생을 다루는 일을 저는 하고 있어요. 저는 사람을 세 가지 유형으로 나눠봤어요.

첫 번째, "저도 그렇게 살고 싶어요"라고 말하는 사람.
두 번째, "저, 그렇게 할 거예요"라고 말하는 사람.
세 번째, "저, 죽기살기로 할 거예요"라고 말하는 사람.

삶을 바꾸고 싶고 지금과는 다른 삶으로 살고 싶으신 분들은 첫 번째와 두 번째로는 정말 부족해요. 세 번째 죽을 각오로 하지 않으면 못 변해요. 그래서 혼자 하기가 힘들고, 멘토가 있어야 되고, 옆에서 함께할 수 있는 동료가 있어야 되고, 공동체가 있어야 되는 겁니다. 왜냐하면 변하는 과정 속에서 우리의 뇌와 몸은 편하고 싶어서 지금 본인의 모습인 과거로 돌아가기 때문입니다.

죽기살기로 하는 사람은 열정이 있는 사람이에요. 그런 사람은 핑계 대지 않아요. "몸이 좋지 않아서, 너무 피곤해서, 이래서 저래서" 같은 핑계 대지 않아요. 다른 사람 핑계 대지도 않아요. 어떻게 해낼까만 고민하죠. 여러 책들에서 말한 것은, 정말 죽기살기로 생생히 꿈꾸는 것들을 행동으로 옮길 때만, 과거의 본인의 모습과 타협하지 않을 때만, 얻어지는 결과물입니다.

하지만 이런 이야기는 잘 나오지 않는 것 같아요. 왜냐하면 힘든 이야기이기 때문이에요. "나, 피곤한 거 싫어. 나, 안 할래." 누구나 다 그렇지 않습니까? 그러면서 바뀌고 싶은데 또 편하게 살고 싶거든요. 좋은 책의 내용이 좋은 것을 모를까요? 몰라서 못 하는 것이 아니라 변하고는 싶지만 지금의 삶에 만족하고, 만족하지 않지만 편하고 싶어서 안 하는 거겠죠.

정말 바뀌고 싶다면, 생생히 꿈꾼다면 본인의 삶에 만족하는 분이 아닌 이상 지금처럼 살지 않을 겁니다. 말로만 생각으로만 하지 않고 행동으로 옮겨야 한다고 생각합니다.

저도 20대 때는 생생히 꿈꿨지만 바뀌지 않았습니다. '왜 나는 생생히 꿈꾸는데 나의 상황과 현실은 바뀌지 않는 거지?' 불평과 불만만 늘어갔죠. 지금 돌이켜보면 생각만 하면서 나아지지 않는 현실 때문에 우울함과 좌절감에 빠져 살았지, 실질적으로 행동에 옮긴 것은 없었더라고요.

앞에서 자주 이야기했지만 저의 멘토를 만나면서 저의 생각을 교정하고, 행동으로 바꾸면서 정말 삶을 바꾸고 싶었기에 죽기살기로 노력했습니다. 여러분도 그런 노력이 필요합니다.

"이 정도면 되겠지? 이렇게 했으니 바뀔 거야." 삶은 그렇게 해서 변하지 않아요. 정말 삶을 바꿀 만큼 최선을 다해서 열정을 쏟아붓고 노력을 했는지는 여러분 본인이 더 잘 알 거라고 생각합니다.

변하고 싶다면 본인의 꿈에 맞춰 계획을 세우고 행동으로 옮기세요. 최선을 다하세요. 여러분이 원하는 삶을 살 수 있습니다. 저도 바꿨잖아요. 여러분도 할 수 있습니다.

성공 Q & A

성공한 인생

Q. 자기관리와 자기 성장을 위해 열심히 노력하고 있는데, 문득 의문이 들었습니다. 성공한 인생이란 어떤 인생일까요?

A. 여러분이 생각하는 성공한 인생은 어떤 인생이라고 생각하세요? 우리는 왜 인생에서 성공하려고 할까요?

사람의 가치관에 있어서 성공의 기준은 다 다를 겁니다. 저의 20대와 30대의 성공의 기준이 조금 다릅니다. 20대 때 성공의 기준은 제가 예전에도 말했지만, 음식점에 가서 음식을 주문할 때 가격표를 보지 않고 시켜 먹을 수 있는 게 저에게 성공의 기준이었어요. 왜냐하면 20대에는 먹고 싶은 음식이 너무 많았어요. 돈이 없어서 참치김밥 먹고 싶은 대신 그냥 김밥 먹었던 것처럼, 먹고 싶은데 돈이 없어서 저렴한 음식을 선택했던 날들이 있었기 때문이에요. 그래서 그때 성공의 기준은 음식점 가서 먹고 싶은 거 마음껏 먹고, 주위 사람들에게도 사줄 수 있으면 성공이겠다는 저만의 성공이 기준이 생겼습니다.

20대 때 그리고 지금까지 주위에서 저에게 성공의 기준이 뭐냐고 묻는다면, 첫 번째 기준은 유효해요. 음식점에 가서 먹고 싶은 거 마음껏 먹을 수 있는 것입니다. 다만 저의 성공의 기준이 한 가지가 더 생겼습니다.

제가 이 일을 하면서 제 인생에서 누군가의 삶을 얼마만큼 도와줄 수 있는가, 얼마만큼 영향력을 끼칠 수 있는가가 저에게는 또 하나의 성공의 기준입니다. 제가 멘토로서 스승으로서 혹은 이렇게 유튜브와 책을 쓰면서 사람들에게 많은 영향력을 끼쳐서, '재회를 했어요' 혹은 '꿈이 생겼어요', '힘든 시기를 잘 버텼어요', '자살하고 싶었지만 마음을 멈추고 다시 살기로 했어요' 등, 많은 사람들로부터 여러 가지 이야기를 듣는 것도 저에게는 성공의 기준입니다.

여러분의 성공의 기준은 다 다를 거예요. 돈을 많이 버는 것을 저는 성공이라고 생각하진 않아요. 제가 음식점에 가서 먹고 싶은 음식을 마음대로 먹고, 사람들에게 좋은 영향력을 끼치는 게 성공이라고 말하는 이유는 그 안에 행복이라는 게 있기 때문입니다.

행복이 곧 성공이라고 저는 말하고 싶어요. 그래서 보통은 가장 큰 행복감을 느끼기 위해 목표를 세워 놓고 비전을 꿈꾸면서 그렇게 살려고 노력할 때 성취하는 것에서 오는 행복감 때문에 목표를 정하신 분들도 의외로 많습니다. 그걸 성공이라고 부르는 거겠죠. 행복하지 않은 성공은 반쪽짜리 성공이라고 저는 생각합니다.

여러분도 본인 인생의 진짜 성공이 무엇인가를 생각한다면, 본인이 행복한 걸 하면 됩니다. 그럼 적어도 절반은 성공했다고 저는 말해주고 싶어요. 성공의 기준은 사회적인 기준도 있겠지만, 본인이 선택한 일을 해나갈 때 행복한가에 달려 있다고 생각합니다.

"오늘보다 내일 더 성장하고, 오늘보다 내일 더 행복합시다."

제가 항상 하는 말입니다. 괜히 하는 이야기가 아니에요. 어렵지 않습니다. 본인이 꿈꾸는 미래에서 최고로 행복감을 느끼면서 오늘을 살아간다면 이미 이 책을 보고 계신 당신은 성공한 사람이라고 말씀 드리고 싶습니다.

항상 우리가 하루하루 행복함을 느끼면서 살았으면 좋겠어요. 여러분의 성공을 응원합니다.

행복은 단순하게 얻어지는 게 아니다

Q. 저는 지금 행복하지 않아요. 행복이 뭔지 모르겠어요. 살면서 행복이라는 것을 많이 못 느끼고 산 것 같습니다.

A. 의외로 이런 이야기를 굉장히 많이 합니다. 요즘처럼 직접소통보다 간접소통이 대세인 인터넷 시대에서 실시간으로 접할 수 있는 수많은 뉴스와 SNS로 인해서 모두 잘사는 것 같고 행복해 보이는데, 저마다 상대적 박탈감을 많이 느끼고 있는 것 같습니다.

저는 행복은 멀리 있다고 생각하지 않습니다. 행복이 무엇인지 잘 모르는 사람들은 대부분 행복에 대한 판타지나 파라다이스를 생각합니다. 드라마나 영화에서만 나오는 놀라운 기적 같은 일이 본인의 삶에 있어야지만 행복하다고 느끼는 사람들이 의외로 많이 있습니다. 제 주위에도 너무나 많습니다. 그리고 제가 가르쳐주고 있는 학생들 중에도 굉장히 많이 있습니다.

여러분, 행복은 그런 판타지나 파라다이스가 아닙니다. 우리 일상생활에서 느끼는 소소하고 좋은 감정들이 저는 행복이라고 생각합니다. 예를 들어서 제가 삼겹살을 좋아해서 삼겹살 얘기를 많이 합니다. 그런데 어떤 사람은 삼겹살을 아무 생각 없이 고기라서 먹는 사람도 있겠지만, 저는 삼겹살을 쌈장에 하나하나 찍어 먹을 때마다 그렇게 행복할 수가 없습니다. 그리고 누군가 이런 저 때문에 좋은 영향력을 받았다고 하면 저는 그렇게 행복합니다.

이 행복은 어떤 사람들에게는 행복한 일이 아닐 수 있습니다. 하지만 저는 이런 것들이 행복이라고 선택하고 있는 겁니다. 이게 포인트입니다. 행복은 본인이 선택하는 겁니다. 그렇기 때문에 행복은 단순히 얻어지는 것이 아닙니다. 행복은 본인 스스로 설계해 나가야 얻을 수 있습니다. 제가 삼겹살을 먹을 때마다 맛있는 것을 먹을 수 있음에 감사하려고 선택하는 거고, 어떤 상황들 속에서도 행복하려고 행복을 선택한 겁니다.

또한 행복은 과거에 있는 것이 아니고, 미래에 내가 어떤 대학에 들어가고 어떤 직업을 얻어서 행복한 것이 아니라, 오늘 바로 지금 현재에 느낄 수 있는 겁니다. 행복을 느끼고 싶은 사람은 오늘 하루를, 행복을 선택해서 살아야 된다는 의미입니다.

"아니야, 나는 미래에 행복할 거야." 물론 지금의 시간을 미래를 위해 투자하는 순간들도 중요합니다. 하지만 오늘 바로 지금 현재에 행복이 없다면 미래가 행복할 수 있을까요? 미래의 내가, 가족들과 사랑하는 사람과 친구들과 행복할까요? 그럴 일은 없습니다. 오늘 하루를 행복할 수 없는 사람이라면, 본인이 사랑하는 사람과 행복할 수 없는 사람이 어떤 사건들이 끝나면 행복할 수 있다는 건 거짓말이에요. 그런 일은 일어나지 않습니다.

"내가 그런 목표를 이루면 행복할 거야." 그렇지 않아요. 오늘 하루 목표를 위해서 사는 모습에서 행복을 느낄 수 없다면 목표한 것을 얻더라도 그 행복은 한순간뿐일 겁니다.

그렇다면 어떻게 해야 될까요? 본인이 생각하는 행복에 대한 판타지와 파라다이스를 점검해봤으면 좋겠습니다.

'내가 정말 작은 것에도 행복할 수 있나?'

'내가 오늘 하루를 살아감에 있어서 행복할 수 있나?'

'내가 오늘도 이렇게 두 발로 걷고, 음악을 듣고, 내가 원하는 것을 볼 수 있음에 감사할 수 있나?'

여러분이 스스로에게 한번 물어볼 수 있는 시간을 가졌으면 좋겠습니다.

행복은 누구나 다 할 수 있는 겁니다. 어떤 상황 속에서도 본인이 결정하면 행복할 수 있습니다. 하지만 그 결정을 내리기가 참 어렵죠. 그래서 이때 문제가 되는 게, 누군가를 만날 때 본인의 행복은 외부로부터 혹은 타인이 주는 것이라고 생각하는 사람은 상대방에게 의존할 수밖에 없다는 겁니다. 그 사람만 바라보게 되는 거죠.

"나에게 행복감을 줘. 나는 너랑 있을 때 행복해. 그러니까 계속 같이 있어줘." 이렇게 사랑과 행복을 구걸하게 되는 겁니다. 본인 혼자 있을 때 행복감을 느낄 수 없기 때문에 누군가가 본인에게 행복감을 느끼게 해줘야만 행복해하고 그 행복을 전부라고 생각하기 때문입니다. 하지만 그렇지 않아요.

혼자 있을 때도 행복할 줄 아는 사람만이 함께 있을 때 참다운 행복을 느낄 수 있습니다. 행복은 본인이 만들어가는 것이고, 행복은 오늘 바로 지금 이 순간에 존재하는 겁니다. 이것만 안다면 여러분이 지금보다 조금 더 행복할 수 있지 않을까요?

여러분, 행복은 어디에나 있습니다. 행복은 여러분 스스로 만들 수도 선택할 수도 있습니다. 행복은 과거와 미래에 있지 않습니다. 오늘, 지금 이 순간에 있습니다. 여러분이 하루하루 항상 행복한 날들을 보냈으면 좋겠습니다.

기회

Q. 기회라는 건 어떻게 찾고, 찾아오나요?

A. 기회라는 것은 골방에 틀어박혀 있는 본인에게 갑자기 기회의 신이 딱 나타나서 찾아오는 게 아니에요. 기회라는 건, 자기 자신을 믿고, 믿은 것을 토대로 원하는 것을 목표로 세우고 그 목표를 위해서 본인이 대가를 지불해 나가며 최선을 다해서 살아갈 때, 만나는 겁니다.

"나한테 기회가 오는구나. 이게 나한테 기회구나." 목표를 가지고 자기 자신을 믿으면서 최선을 다해 노력을 하는 사람들에게 오는 게 기회예요. 반대로 자기 자신에 대한 믿음도 없고 인생에 대한 어떤 상황과 환경에 대한 변화의 기대감이 없으면 인생에 대한 기대가 없는 거죠. 자기 자신에게 믿음이 있는 사람에게 기회가 오는 것처럼 어떤 사람에게 기회가 찾아온다

하더라도, 그 사람에게 그것이 기회로 보일까요?

"이것도 안 될 거야. 몰라. 다 귀찮아. 내가 뭐라고 했어." 주위에 이런 말을 하는 사람들이 너무 많이 있어요. 이들은 기회가 오더라도 기회를 살릴 수 없습니다. 이미 삶이라는 환경에 타성에 빠져서 게으름이 뼛속까지 묻어 있는 사람이 어떻게 기회가 온들, 그 기회를 살려서 인생을 확장시켜 나가겠습니까? 운 좋게 기회를 잡았더라도 그게 오래갈 수 있을까요?

로또 복권 당첨된 사람을 생각해보세요. 로또 복권의 당첨금이 우리나라는 5억, 10억 정말 많아야 30~40억 원대입니다. 미국은 평균 100억 또는 200억이거나 당첨자가 안 나와서 당첨금이 쌓일 때는 1,000억 원이 넘는 경우도 많아요. 제가 당첨금 액수를 말하고 싶은 게 아니에요. 이 당첨도 현실적으로 일어나기 어려운 말도 안 되게 낮은 확률이죠. 이렇게 당첨된 분들 중에서 1% 정도만 당첨된 금액을 잘 관리해서 유지한다고 합니다. 나머지는 그 엄청난 금액을 다 잃고 파산하는 경우가 많다고 해요.

그렇다면 이렇게 평생 쓰고도 남을 금액을 받았음에도 그들에게 엄청난 기회가 왔고, 그 기회를 받았음에도, 왜 유지를 하지 못했을까요? 그 사람의 그릇이 그 정도인 거예요. 그렇기 때문에 그릇은 작은데 너무 큰 기회가 왔기 때문에 본인 스스로 관리할 수가 없었던 거예요. 이 사람의 사고방식 속에서는 관리를 해나갈 수 없기 때문에, 기회가 오더라도 그것이 그 사람을 스쳐 지나가는 거죠. 저는 같은 원리라고 생각해요.

인생에 기회가 세 번 온다고 흔히 말하잖아요. 아니요. 저는 기회는 본인이 만드는 거라고 생각합니다. 자기 자신을 믿고 인생에 열정을 다해서 사는 사람만이 기회를 스스로 만드는 거라고 생각합니다. 그러니 이 사람에게는 실패는 실패가 아니라, 매 순간이 기회일 수 있고, 모든 상황이 자기 멘토일 수 있는 겁니다. 이 사람은 열린 사고방식을 가지고 삶의 태도를 살아가기 때문입니다.

기회는 스스로 만드는 거예요. 저도 그랬고, 그런 사람들을 저는 너무 많이 봤습니다. 결과만 본 사람은 당사자의 치열한 삶을 못 봤기 때문에, 잠을 줄여가면서, 피눈물을 흘리면서, 두려움들과 싸워가면서 바꾸기 어려운 습관들과 사고방식과 행동을 바꾸려고 얼마나 수많은 대가를 지불했는지 모릅니다. 자기 자신 말고 누가 알겠어요.

다른 사람들이 본다면, '네가 기회를 잘 만나서 잘됐구나, 축하한다'라고 말하겠죠. 여러분의 집이 정말 부유해서 금수저가 아닌 이상, 쉽게 버는 돈은 절대 없습니다. 그 안에 열정과 노력이 있었던 거예요. 그걸 알아야 합니다.

기회는 본인이 스스로 만드는 것입니다. 기회가 오도록, 기회가 오면 잡을 수 있도록, 본인의 그릇을 넓혀야 합니다. 본인의 그릇은 배움을 통해 노력한 사람만이 넓힐 수 있습니다. 혹시라도 여러분 중에 상대방의 기회를 운이라고 생각하고 평가하는 분들이 있다면 그런 평가는 하지 마세요. 그들은 당사자의 결과물만 보았기 때문에 당사자가 얼마나 노력했는지 모릅니다. 그리고 그 평가는 본인에게 돌아옵니다.

여러분은 스스로 기회를 만들 수 있는 사람입니다. 할 수 있다고 스스로 믿고 응원해주세요.

실패의 순간

Q. 내 인생이 왜 이렇게 안 풀릴까, 어려울까요? 내가 무엇을 선택해야 할지 모르겠어요. 실패한 것들이 후회가 되고, 마음이 너무 힘이 듭니다.

A. 제 인생에도 실패했던 순간들이 너무나 많이 있습니다. 누군가와 함께 투자해서 돈을 날려 보기도 했습니다. 게임에 빠져서 시간도 날려 봤고, 제가 선택했던 길이 아닌 순간들도 있었고, 참 많은 일들이 제게 있었습니다.

제가 선택했기 때문에 책임은 고스란히 저에게 왔습니다. 그런데 여러분이 알아야 될 게 있습니다. 실패의 순간은 모든 성공 스토리가 시작되는 바로 그 지점이라는 거예요. 실패했던 순간들이 있었기 때문에 지금의 제가 성공할 수 있는 삶을 살 수 있다는 겁니다.

본인이 실패를 어떻게 바라보는지에 따라서 앞으로의 본인의 인생이 바뀔 수 있습니다. 제가 상담을 하면서, 어떤 사람이 재회를 정말 원했지만 재회에 실패하는 사람들을 너무나 많이 봅니다. 잘못된 상담으로 겉모습만 바꾸는 번지르르한 포장된 말들과 행동으로 재회를 못 하는 사람들이 많이 있습니다. 재회가 되지 않아서 사랑에 실패한 것 같아서, 특히 이 부분에서 가장 큰 좌절을 맛보는 사람들이 굉장히 많아요.

하지만 여러분, 다 알고 있잖아요. 바로 지금이 이 시간이 인생을 바꿀 수 있는 최고의 기회가 되는 순간이죠.

본인이 어떤 선택을 잘못해서 이렇게 됐다면 괜찮습니다. 이미 지난 일입니다. 실패했다는 것을 스스로 인정하세요.

'내가 잘못된 선택으로 실수했다.'

'실패했다면 내가 이 실수와 실패를 통해서 내가 성공하는 스토리를 만든다.'

오늘이 바로 그날이라고 생각한다면 많은 것들이 변할 수 있습니다. 하지만 이것을 여러분에게 강요할 수는 없습니다. 모든 건 본인의 선택이기 때문에 그렇죠. 하지만 여러분, 우린 과거를 통해서 알 수 있습니다. 여러 가지를 선택할 수도 있습니다. 그 선택의 결과 중에서 실패가 과연 나쁘기만 했을까요? 물론 결과가 좋지 않으면 주위의 조언이 들리지 않을 수 있어요.

본인 스스로에게 한번 물어보세요. 본인이 실패를 통해서 지금 무엇을 선택할 수 있고, 본인은 실패를 통해서 무엇을 깨달았는지를요. 이것을 생각하는 것이 좋은 선택이라는 겁니다.

'내가 재회를 못 했지만, 내가 왜 이 사람과 헤어졌지?'

'내가 이 만남 속에서 놓친 게 뭘까?'

'내게 사랑은 뭘까?'

많은 실패를 토대로 본인의 삶에서 어떻게 긍정적인 에너지로 바꿀 수 있을까를 선택하는 여러분이 되었으면 좋겠습니다.

여러분이 실패했다면 저는 기분 나쁠 수 있지만, 박수를 쳐주고 싶어요. 그리고 이렇게 말해주고 싶습니다.

"괜찮습니다. 정말 괜찮습니다." 괜찮지 않은 줄도 알아요. 하지만 실패 때문에 여러분이 앞으로 걸어가는 걸 멈추는 건 괜찮지 않아요. 실패로 인해서 많이 힘들어서 설 수가 없다면 기어서라도 가고, 기어가다가 일어나서 걸어가면 됩니다.

실패와 역경을 뛰어넘으면 더 이상 이 문제는 문제가 아닌 게 되는 거예요. 이것보다 작은 문제는 본인에게 어떠한 영향력도 끼칠 수 없어요. 경험과 실패보다 좋은 스승은 없다고 저는 개인적으로 생각합니다. 일부러 실패할 필요는 없어요. 하지만 인생을 살다보면 실패가 찾아오기 마련입니다.

저도 20대 때 선택해서 후회했던 것들을 지금도 하는 경우가 있습니다. 하지만 그것으로 인해서 제가 좌로나 우로나 치우치지 않습니다. 왜냐하면 지금의 저는 그 문제와 그로 인한 실패보다 더 큰 사람이 되었기 때문입니다.

실패는 더 이상 실패가 아닙니다. 실패는 부정적이거나 패배한 것이 아닙니다. 여러분이 실패를 바라보는 관점부터 바꾸면 됩니다. 실패한 것들이 앞으로 여러분의 성공 스토리에 기점이 된다는 걸 잊지 않는다면, 실패하더라도 툭툭 털어내고 힘내서 앞으로 나아갈 수 있다고 생각합니다.

기억하세요. 여러분 자신보다 큰 문제와 실패는 없습니다. 언제든지 바라보는 관점을 통해 행동을 바꾼다면 실패는 더 이상의 실패가 아닙니다. 실패를 성공으로 바꿀 수 있습니다. 여러분의 능력을 믿으세요.

이 책을 다 읽었을 때 여러분이 얼마나 존귀한 존재인지, 자기 자신을 사랑하는 것이 인생의 시작에 있어서 얼마나 중요한 일인지.

자신을 사랑하는 것을 시작으로 인생의 모든 관점이 바뀌게 되고, 삶에서 보고 듣고 경험하는 것을 통해 내 인생이 결정됩니다. 그것을 의식하지 못하고 살아가는 우리.

인생에 있어서 가장 소중한 배움인 자신을 사랑하고 감정을 이해하고 다스리는 것을 훈련하며 내면을 채워 나간다면, 나의 삶, 사랑, 인간관계, 재정 등 모든 영역에 놀라운 변화가 일어날 것입니다.

삶이라는 무대 위 주인공으로 당신만의 소중한 이야기를 써내려가는 오늘이 되길 기도합니다.

더욱 빛날 당신의 삶을 응원하며...

[입혀짐 그리고 그 후의 이야기]

2년 전, 저는 사랑이 무엇인지 알 수 없어 괴로웠습니다. 마크 최 작가님을 만나 사랑이 얼마나 가치 있는 것인지를 배웠고 그 사랑이 삶에 깊게 뿌리박혀 주체적으로 살 수 있는 원동력이 되었습니다. 지금 저는 '역대최고'의 삶을 살고 있습니다.

이단비 I 간호사

절망 속에서 만난 자존감 수업은 제가 모르고 있던 저의 가능성이 얼굴을 내밀 수 있게 해주었습니다. 진짜 나를 마주하고 믿음으로 사랑하며 가치 있는 저로 살게 해주었고 '입혀짐'은 제 삶에 영원히 꺼지지 않는 등불이 되었습니다.

이가인 I 회사원

자존감 수업을 듣고 나란 사람이 누구인지 알게 되었고 말의 힘이 얼마나 사람을 변화시키는지를 삶을 통해 깨닫게 되었어요. 또한 다른 사람에게도 선한 영향력을 줄 수 있어서 정말 감사했습니다.

민혜정 I 메이크업아티스트

저의 삶 속에서 늘 풀리지 않던 마음속 공허함과 외로움의 원인을 찾게 되었습니다. 나를 사랑하는 방법을 알게 되었고 내 인생의 문제라 느꼈던 일들이 내가 나를 사랑하지 않는 것에서부터 비롯된 것임을 깨달았습니다. 과거를 돌아보며 자책하는 삶이 아닌 목표를 향해 새로운 비전을 꿈꾸는 삶을 살게 되었습니다. 온전한 나로 우뚝 서 세상을 살아가게 해주신 역대최고 마크 최 대표님께 감사드립니다.

최선혜 I 공인중계사

수업을 듣기 전 저는 우울증도 심하고 어디로 가야 하는지 어떻게 세상을 바라보고 생각하는지를 모르는 굉장히 극단적이고 감정적인 사람이었습니다. 그로 인해 행복하지도 않았고 두려웠습니다. 수업을 듣고 사고와 생각하는 법 그리고 감정을 선택하지 않고 그 사고방식을 행동으로 옮기는 방법을 배웠습니다. 이제는 세상이 두렵지 않습니다. 목적지를 정하고 오늘 하루도 한 걸음씩 나아갈 수 있음에 감사하고 행복합니다. 너무 많은 깨달음과 제 인생의 긍정적인 변화를 주었기에 제가 사랑하는 사람들에게 나누고 싶은 수업입니다.

한정훈 I 치킨집 운영

삶에 대한 목표가 뚜렷해졌습니다. 간절한 마음, 꼭 해내야겠다는 의지, 자존감 수업 후 '내면'이라는 단어를 알게 되면서 어떤 일이 생겨도 감정적이 아닌 이성적으로 판단하게 되었습니다. 또한 사람을 볼 때 내면에 있는 삶의 태도를 보게 되었습니다. '내면'이 튼튼해져서 무슨 일이 생겨도 두렵지 않고 항상 삶에 대해 자신감으로 가득 차 있습니다.

장민형 | 자동차 세일즈맨

인생을 정신없이 질주하며 살았습니다. 스스로를 자책하다 무너졌을 때 마크 최 작가님의 자존감 수업을 만나게 되었고 왜 달려가는지, 어디로 가야 하는지, 너무나 평범한 진리를 정확하게 논리적으로 바로잡아 주셨습니다. 수업 후 나 자신과 세상을 대하는 태도가 달라졌고 이제는 제 삶의 어느 포인트에서 쉼표를 찍어야 하는지 나를 어떻게 바라봐야 하는지, 주변과 타인을 어떻게 대해야 하는지 알게 되었습니다.

김영옥 | CEO

여자친구와 힘든 시간 중에 우연한 기회로 마크 최 작가을 만나게 되었습니다. 단지 재회를 위해 만났던 작가님과의 만남이 제 인생을 이렇게 바꿀 줄은 전혀 몰랐습니다. 이제는 재회도 했고 더 나아가 삶이 변하고 제 꿈을 꾸는 계기가 되었습니다.

김재균 | 회계사

나조차 외면하고 비난하던 나를 찾아내고 이끌어, 스스로 나를 사랑할 수 있는 길을 찾아 주었다. 마크 최 작가를 만나지 못했다면 나는 아직도 길을 잃은 어둠 속에 혼자 주저앉아 울고만 있었을 것이다. 더욱 놀라운 점은 그를 만나게 해준 나 스스로에게 감사할 줄 아는 나로 만들어 주었다는 점이다.

이수연 | 피부과 의사

상담을 하기 전에는 매일 우울하고 인간관계조차 상당히 힘들어하며 폐쇄적으로 살았다. 상담을 하고 자존감 수업을 배운 뒤에 내가 소중한 사람임을 깨달았고 스스로에게 조금 더 솔직하게 되었다. 문제를 회피하던 내가 문제를 피하지 않고 마주 앉아 해결하는 사람으로 바뀌었으며 이전에는 경험해 보지 못한 새 인생을 살고 있다. 인간관계에 대한 불안함도 사라졌으며, '부딪혀 보고 경험하고 생각하고 선택하면 된다.'라는 게 내 인생에 들어왔다.

박승대 | 회사원

나에게 나를 입힌다

2021년 11월 29일 **초판 1쇄 인쇄**

지 은 이 마크 최
펴 낸 이 김선민
표　　지 urbook
디 자 인 주아르
마 케 팅 주식회사 타인의취향
펴 낸 곳 STOREHOUSE(스토어하우스)
출판신고 2019년 12월 30일 제307-2019-89호
주　　소 서울특별시 마포구 큰우물로75 성지빌딩 711호
전　　화 02-6949-6014 **팩　　스** 02-6919-9058 **이 메 일** tain@tain.co.kr

I S B N 979-11-90912-22-8